KB202207

명 상 록

아우렐리우스 / 최정선옮김

지 성 문 화 사

머 리 말

마르쿠스 아우렐리우스(Marcus Aurelius Antoninus 121~180)는 로마 제16대 황제이며, 스토아파(派)의 철학자이다. 로마에서 출생한 그는 최고의 교육을 받고 안토니우스피우스 황제의 양자가 되어 일찍부터 로마의 집정관(執政官)을 지내다가 황제로 즉위하였다.

당시의 로마 제국은 경제적으로나 군사적으로 어려운 시기였다. 변방에는 외적의 침입이 잦았으며, 전염병이 창궐하여 수많은 사람들이 죽었다.

그는 공정하고 깨끗한 정치를 하려고 몹시 노력하였으나 스토아적 입장에서 그리스도교도를 박해했다.

그의 유명한 《명상록》은 진영(陣營)에서 집필한 것으로 그의 스토아적 철인의 정관(靜觀)과 황제의 격무라는 모순에 고민하는 인간의 애조(哀調)가 넘치고 있다.

《명상록》은 전부 12권으로 되어 있다.

제1권에서는 조상들과 가족 등으로부터 받은 감화를 서술하고, 어린 시절의 스승이나 자기에게 영향을 준 철학자와 친구 등을 열거하였다. 제2권 이후는 자성의 내용을 담고 있으며, 그의 사살을 나타내기도 하였다. 이 책은 후기 스토아학파 제일의 책으로 널리 읽혀지고 있는데, 오늘을 사는 현대인에게도 많은 교훈과 깨달음을 추기에 부족함이 없다.

2006. 9. 25. 최 정 선

명상록 ◆ 차 례

제1권

1

할아버지 베루스(Annius Verus;로마 총독과 집정관을 지냄)로부터 나는 온화하고 고귀한 성품과 차분한 마음을 배웠다.

2

아버지(P.안이우스 베루스 ; 친아버지로 마르쿠스 아우렐리우스가 15세도 되기 전에 사망함)에 대한 명성과 추억으로부터 나는 절도(節度)와 강인한 기질을 배웠다.

3

어머니 도미티아 루킬라(Domitia Lucilla ; 카타리우스 세베루스의 손녀임)로부터 나는 신(神)에 대한 경건함과 자비를 배고 사악한 행동은 물론 그런 생각조차도 멀리하는 절제를 배웠다. 그리고 부자들의 생활과는 거리가 먼 검소한 생활

태도를 배웠다.

4

증조부 카탈리우스 세베루스(Catalius Severus ; 로마 총독과 집정관을 지냄)로부터 나는 학교에 다니는 것보다 훌륭한 스승을 집으로 모셔 배우는 편이 낫다는 것을, 그리고 그런 일에는 돈을 아끼지 말아야 한다는 것을 배웠다.

5

스승으로 부터 나는 프라시아누스 파(원형경기장에서의 경기자나 검사(劍士)의 집단. 옷의 색깔과 경주마차 등에서 비롯된 명칭)와 베네투스 파, 파르물라 리우스 파와 스쿠타리우스 파, 그 어느 쪽에도 가담해서는 안 된다는 것을 배웠다. 또한 남의 일에 참견하지 않을 것과 자기 일은 자기가 하고, 다른 사람들의 비방에 귀를 기울여서는 안 된다는 것을 배웠다.

6

디오네투스(화가,철학자로 마루쿠스가 11세 때 그에게 처음으로 스토아 철학을 배웠음)는 쓸데없는 일에 관여하지 말 것과 마법사들이 지껄이는 주문(呪文)이나 액막이 따위를 믿어서는 안 된다는 것을 배웠다.

또 메추리 사육(전투의 승패를 점치는 데 메추리를 이용함)이나 그와 비슷한 도락에 신경을 쓰지 말아야 한다는 것과 남의 바른말을 받아들이는 자세를 배웠다.

나는 또 그에게서 철학과 친숙해질 수 있는 법과 그러기 위해서는 처음엔 바키우스(Bacchius)의 가르침을, 다음에는 탄다시두스(Tandasidus)와 마르치아누스(Marcianus)의 가르침을 받아야 한다는 것을 배웠다.

그리고 젊은 시절에 대화편(對話篇)을 써야 하며, 맨 몸으로 나무 침대 위에서 잠을 자는 등의 그리스 사람들이 받는 것과 같은 엄격한 훈련에 열중해야 한다는 것을 배웠다.

$$\boxed{7}$$

루스티쿠스(Rusticus ; 스토아 학파의 철학자. 마르쿠스에게 법률을 가르킴)로부터 나는 자기반성과 인격도야가 필요 하다는 것을 배웠다. 그리고 궤변론자들의 수사법(修辭法) 공리공론(空理空論)으로 글을 쓰지 않고, 도덕적 연설을 하지 않고, 또한 자신이 덕을 닦은 사람, 선행(善行)의 모범이라고 자랑해서는 안 된다는 것을 배웠다.

또 수사학(修辭學), 시, 화려한 문장의 기교를 삼가야 하고, 정장을 하고 집 안을 거닐거나 그와 비슷한 행동을 해서는 안 된다는 것을 배웠다.

편지를 슬때는 꾸밈없이 솔직하게 써야 한다는 것을 배웠다. 예를 들어 시에누엣사(Sienuessa)에서 루스티쿠스가 우리 어머니에게 보낸 편지처럼.

난폭하거나 예의에 벗어난 행동으로 나를 기분 나쁘게 한 사람이라도 자신의 과실을 깨달으면 서슴없이 받아들여 화해를 해야 한다는 것을 배웠다.

또한 독서할 때는 대략적인 이해에 만족하지 않고 정독(情讀)해야 한다는 것, 수다쟁이들의 말에 쉽게 동조하지 말아야 한다는 것을 배웠다.

나는 또한 루스티쿠스 덕분에 에픽테토스의 《명상록》을 읽게 되었는데, 그는 그 책을 자기 장서 중에서 갖다 주었다.

8

아폴로니우스(Apollonius ; 카르케돈 출신의 철학 선배. 마르쿠스에게 스토아 철학을 가르쳤음)로부터 나는 주사위를 던져 모든 일을 우연에 맡기지 않는 확고한 결단성을 배웠고, 결코 이성(理性) 이외의 것에 의지해서는 안 된다는 것, 즉 가슴을 저미는 듯한 비통, 사랑하는 자식의 죽음, 오랜 병, 그 어느 경우에도 흔들리지 말아야 한다는 것을 배웠다. 또한 나는 아폴로니우스를 통해 인간이 가장 단호할 수도 있고 동시에 온건할 수도 있다는 사실을 알게 되었다.

나는 또 그를 통해서 풍부한 경험과 학설을 교시하는 숙달된 솜씨를 보잘것없는 것으로 여기는 사람의 전형을 뚜렷이 보았다. 그리고 친구로부터 호의적이라고 간주되는 선물을 받고 그것에 의해 나 자신이 비굴하게 되지 않고, 또한 상대방에게 무시하는 듯한 인상을 주지 않으면서 호의를 받아들이는 이상적인 방법도 그에게서 배웠다.

9

섹스투스(Sextus ; 그리스 출신의 스토아 학파 철학자. 플루타르크의 손자로 마르쿠스에게 철학을 가르쳤음)로부터 나는 관대한 마음과 그로 인해 부성애로 다스려지는 가정의 전형을 알게 되었다. 또한 자연에 순응하며 사는 사상을, 거만에 물들지 않은 근엄함을, 친구의 생각을 중히 여기고 그 희망을 따르는 마음씨를 배웠다. 그리고 무지한 사람이나 분별없는 사람들에게 관대해야 한다는 것을 배웠다.

그는 사람들과 쉽게 친해 질 수 있는 능력을 가지고 있어서 그외의 교제는 아부같은 것은 생각도 못할 유쾌한 것이었는데, 그는 교제 중에 그에 대한 존경심을 상대에게 심어주는, 만인과 화합하는 인격을 갖추고 있었다.

그는 노여움이나 그 밖의 걱정을 결코 얼굴에 나타내지 않았고, 정념에 흔들리지 않는 평정을 유지하고, 자애로운 마음씨를 간직하고 있었다.

그는 또한 칭찬을 하되 지나치지 않고, 박학(博學)하되 현학(衒學)에 빠지지 않았다.

10

문법학자 알렉산더(Alexander)로부터 나는 남의 약점을 잡지 않는 마음을 배웠다.

또한 거친 말이나 다소 문법에 맞지 않는 말, 또는 틀린 이야기를 하는 사람이 있어도 비난조로 그 사람의 말꼬리를 잡거나 하지 않고, 그 말에 대해서가 아니라 그 문제에 대한 답변이라든가 확인 또는 암시의 형태로 그 문제 자체를 함께 이야기하며 때에 따라 적절한 암시로 올바른 표현방법을 일깨워 주어야 한다는 것을 배웠다.

11

프론토(Cornelius Fronto ; 수사학자. 마르크스 가장 존경했던 스승임)루부터 나는 폭군의 마음을 좀먹는 시기심과 교활, 위선이 어떤 것인지 알게 되었고, 또 흔히 우리들 사이에서

귀족이라고 불리는 자들이 일반적으로 따뜻한 애정이 고갈
되어 있다는 사실도 알게 되었다.

12

플라톤 학파의 철학자 알렉산더(Alexander ; 그리스 인 마르
쿠스의 비서였음)로부터 나는 바쁘다는 말을 자주, 또는 쓸데
없이 다른 사람과 이야기할 때나 편지에 사용하는 것을 피
해야 한다는 것을 배웠다. 바쁘다는 핑계로 가까이 지내는
사람들에게 베풀어야 할 의무를 게을리해서는 안 된다는 것
을 배웠다.

13

카툴루스(Catulus)로부터 나는 친구가 나를 비난할 때, 그
것이 아무리 부당한 일이라 할지라도 무시하는 태도를 취하
지 않고 평소의 우정을 회복하기 위해 노력해야 한다는 것
을 배웠다.

그리고 스승에 대해서는 도미티우스(Domitius)와 아테네
도투스(Athenedotus)의 관계처럼 충심으로부터 찬미하는 마
음을 가져야 한다는 것을, 또한 아이들에 대해서는 참된 애
정을 베풀어야 한다는 것을 배웠다.

14

형 세베루스(Severus)로부터 나는 가족과 진리와 정의에 대
한 사랑을 배웠다. 또 그로 인해 트라세아(Thrasea), 헬비디우
스(Helvidius), 카토(Cato), 디온(Dion), 브루투스(Brutus)에 대
해서 알게 되었다. 또한 그를 통하여 정치적 권리의 평등과

언론의 자유가 따르는 민주적인 정치체제와 피치자(被治者)의 자유를 가장 중시하는 공화국에 대한 통치 개념을 배웠다.

뿐만 아니라 나는 그로부터 철학에 대한 변함없는 존경심과, 선행을 하는 일에 열중할 것과 관대한, 낙천적인 성품을 배웠다. 그리고 친구로부터 사랑을 받는 데 대한 확신과 흔들리지 않는 기대, 자신이 무엇을 원하고 무엇을 원하지 않는가를 친구가 예측하지 않도록 분명히 해 두는 것을 배웠다.

15

막시무스(Maximus)로부터 나는 자기 욕망을 이겨내고 어떤 일에도 흔들리지 않는 확고부동한 목적의식을 배웠다. 또한 어떤 상황에서든, 심지어 병들었을 때조차도 쾌활함을 잃지 말아야 한다는 것을 배웠다.

또한 그는 언행이 일치하고 모든 일에 있어서 악의를 가지고 있지 않으며 그런 사실을 누구나 믿는다는 것을 알게 되었다. 그는 결코 놀라는 일이 없고, 어떤 경우에도 바삐 서두르거나 미루지 않고, 당황하거나 의기소침하지도 않으며, 분노를 숨기기 위해 꾸며서 웃거나, 또는 격정에 사로잡히거나 시기에 찬 눈동자를 굴리는 일이 없었다.

그는 언제나 남의 잘못을 너그럽게 용서해 주었고, 천성적으로 악의에 물들지 않은 사람이라는 인상을 주었다. 누구든 아직껏 막시우스에게 멸시를 당했다고는 생각지 않았을 것이며, 불손하게도 자기가 그보다 우월하다고 생각하는 사람도 없었을 것이다. 또한 그는 유머가 풍부해 매우 호감이 가는 사람이었다.

16

　양아버지로 부터 나는 온후함과 심사숙고해서 결정한 일에 한해서는 동요되지 말아야 한다는 것을 배웠다. 또한 세상에서 명예라고 일컫는 일에 따르게 마련인 허영에서 초탈하는 정신과 근면과 성실을 사랑하고, 공적으로 이익되는 일을 제안하는 사람의 말에 귀기울여야 한다는 것을 배웠다. 사람은 반드시 그 공적에 따라 공평하게 대우해야 한다는 것, 엄해야 할 때와 관대해야 할 때를 분별하는 마음을 배웠다. 소년 시절의 열정은 억제해야 한다는 것과 다른 사람의 기분을 염려하는 마음을 배웠다. 친구에 대해서는 식사를 함께 하자는 식의 강요를 하지 않았고, 또 친구와 부득이한 사정으로 함께 하지 못하더라도 항상 변함없는 우정을 지켜 나갔다.

　그는 회의시에는 치밀하게 검토를 하는 끈기가 있었고, 그 자리에서의 생각에 만족하여 중도에서 연구를 포기하지 않는 철저함이 있었다. 친구를 사귐에 있어서는 결코 싫증을 낸다거나 지나치게 열중하는 일이 없었다. 또한 스스로 만족스럽게 생각하여 늘 쾌활했고, 먼 앞일을 생각하여 극히 사소한 일에 이르기까지 사전조치를 강구해 두었다. 그리고 자신에 대한 칭찬이나 모든 아첨을 거부했으며, 나라를 다스릴 때 필요한 일에 대해서는 온갖 힘을 기울였고, 국가의 재산을 경제적으로 관리하고, 그로 인한 비난과 공격을 참고 견뎌냈다.

　신에 대해서는 미신적인 두려움을 품지 않았고, 사람에

대해서는 선동 정치가로 타락하지 않았으며, 민중 앞에 무릎을 꿇고 아첨하며 비위를 맞추는 행위를 하지 않았다. 그는 모든 일에 올바른 마음을 잃는 일 없이 착실했으며, 세련된 감성(感性)을 지녔으되 유행에 따라 타락하지 않는 정신을 지니고 있었다.

생활을 쾌적하게 할 수 있는 모든 것을 가지고 있었지만 그것을 교만하게 사용하지 않았다. 주어진 것이 손 가까이 있으면 자연스러운 태도로 사용하고 없으면 억지로 구하지 않았다.

누구나 그를 소피스트적인 인간, 아첨꾼, 현학도(衒學徒)라 부르지 않았고, 원만하며 완성된 사람, 자신의 일 뿐만 아니라 다른 사람의 일까지도 능히 처리하는 역량있는 사람으로 인정했다.

또한 그는 진정한 철학자를 존경했고 사이비 철학자에게도 부정적인 태도를 취하지 않았으며, 그렇다고 그런 사람들에게 끌려가지도 않았다. 그는 또한 능란한 대화, 유쾌한 태도로 부드러운 분위기를 만들 줄 알았다. 그는 자신의 건강에 세심하게 주의했는데, 그것은 삶에 대한 지나친 집착이나 외모를 생각해서 그런 것은 아니었고 그렇다고 그것을 전혀 무시하지도 않았다. 그렇게 스스로 건강에 유의함으로써 의사와 약이 별로 필요하지 않았다. 그는 웅변이라든가 법률, 혹은 윤리에 대한 지식 등과 같은 특수한 재능을 가진 사람들에게 질투심을 품지 않고 각자 자신 있는 영역에서 이름을 떨칠 수 있도록 도와 주었다.

그는 모든 일에 관습과 법률을 따랐으며 그것을 준수한다는 사실을 자랑하려 들지 않았다. 그리고 경거망동하는 일이 없이 같은 장소, 같은 사항에 차분히 버티어 내는 인품을 지니고 있었으며, 심한 두통이 생기는 경우에도 곧 기력을 회복해서 원기발랄하게 하던 일에 착수하는 근성이 있었다. 그는 가슴속에 비밀을 간직하지 않았다. 혹 비밀이 있다 해도 그것은 공익에 관계되는 것뿐이었다.

공적인 회합이나 공공건물의 건축, 빈민에 대한 기부 등에 있어서 그는 신중했고 결코 한도를 벗어나지 않았다. 그는 스스로의 의무를 수행할 뿐, 그런 일로 인해 명성을 얻으려고 하지 않았다.

그는 정해진 장소에서만 목욕을 했고, 집을 짓는 일이나 음식에 별로 신경을 쓰지 않았고, 옷이나 옷감의 색깔에 대해서도 까다롭게 굴지 않았다. 의복은 거의 다 로리움(Lorium)에 있는 그의 별장에서 가져오게 했고, 일용품의 대부분은 라누비움(Lanubium)에서 조달했다.

그리고 투스쿨룸(Tusculum)의 토지관리인이 그에게 용서를 빌었을 때 그가 어떤 태도를 취했는지는 모두가 알고 있다. 태도는 늘 그와 같았다. 냉혹하거나 난폭하지 않았고, 소위 말하는 '머리끝까지 화를 내는' 일도 없었다. 그는 모든 일을 분석하여 그 중요도에 따라 시간을 분배하고, 질서 정연하면서도 확고한 태도로 일을 처리했다.

대개의 사람들이 나약하여 무절제하고 과도하게 즐길 수밖에 없는 일들을, 절제할 때는 절제하고 즐길 때는 즐길 수 있었다는 소크라테스에 관한 기록을 그에게 적용해도 무리는 없으리라. 그와 병중의 막시무스처럼 어떤 일이라도 견뎌 내고 모든 일에 침착하다는 것은, 완숙하고 꺾이지 않는 정신을 가진 사람들이 보여주는 특징이다.

17

나는 훌륭한 조상과 훌륭한 부모, 그리고 훌륭한 형제, 훌륭한 스승, 훌륭한 친척과 친구 등, 훌륭한 것을 대부분 소유하게 해 주신 신들에게 진심으로 감사한다. 그리고 나에게 위에서 말한 분들에게 과오를 범할 수 있는 기질이 다분히 있었음에도 불구하고 그분들의 노여움을 사지 않고 지낼 수 있게 해주신 신들에게 감사한다.

할아버지의 소실(小室) 밑에서 오래 양육되지 않게 해 주신 것과, 또 적당한 시기가 오기 전까지 동정(童貞)을 잃지 않고 청춘을 오래도록 간직하며, 오히려 그때를 늦출 수 있게해 주신 것에 감사한다.

그리고 내 강한 자만심을 고쳐 주신 나의 아버지 밑에서 자랄 수 있게 해 주신 것에 감사한다. 그 덕분에 나는 궁전에 살면서도 호위병이나 화려한 의상, 횃불이나 동상 등의 사치품을 탐내지 않고 살아가는 지혜를 배웠다. 따라서 평민들과 같은 생활을 하면서도 그 때문에 나의 사상이 더 조잡해지지도 않았고, 황제에게 필요한 권위와 의무를 게을리하지도 않았다.

또 자신의 도덕적 인품을 통해 나를 일깨워 반성의 기회를 만들어 주고, 아울러 존경과 애정으로 내 마음에 기쁨을 주는 동생이 곁에 있는 것에 대해, 그리고 정신과 육체가 모두 건전한 자식을 점지해 준 것에 대해 신에게 감사한다. 또한 수사학, 시, 기타의 학문에 깊이 빠지지 않았음을 감사한다. 만일 그랬더라면 내 인생의 대부분의 시간을 빼앗겼을 테니까.

그리고 나를 가르쳐 준 사람들에게 서둘러서 그들이 원하는 지위에 앉힐 수 있게 해 주신 것에 감사한다. 그것은 "나는 아직 젊으니까 좀더 세월이 가면 황제는 내가 원하는 바를 실현시켜 주겠지."하는 희망을 가지게 하여 공연히 그들을 잡아두지 않기 위해서였다.

나로 하여금 아폴로니우스, 루스티쿠스, 막시무스 등과 알고 지내게 해 주신 데 대해 신들에게 감사한다. 나는 그들로부터 자연에 따라 살아간다는 것이 어떤 것인가에 대해 자주 명백한 인상을 받았다. 또한 나는 그들로부터 신과 신의 은총, 신의 도움, 그리고 영감에 의지하고 있는 한, 내 비록 스스로의 잘못으로 아직 자연에 따르는 생활에 미치지 못하고 신의 가르침을 깨닫지 못했더라도, 결국은 신들의 직접적인 가르침에 의해 자연에 따라 생활하게 된다는 것을 배웠다. 내 육체가 그런 생활을 오랫동안 견딜 수 있었던 것은 오직 신들의 가르침 덕분이다. 그리고 내가 베네딕타(Benedicta ; 하드리아누스 황제의 측실)나 테오도투스(Theodotrus ; 하드리아누스 황제가 총애한 시녀)와 직접 접촉하지 않고, 또 훗날 격렬한 연정에 사로잡혔을 때 그것을 극복하고 영혼의 건강을 되찾게 된 것도 오로지 신의 은총이었다.

또한 자주 루스티쿠스를 노하게 했지만, 후회할 일은 조금도 하지 않은 데 대해 감사한다. 그리고 우리 어머니는 오래 살지 못하고 돌아가셨지만, 그 마지막 몇 날을 함께 지낼 수 있었던 것을 신께 감사한다.

빈궁한 자나 그 밖에 무엇인가 도움을 필요로 하는 자에게 원조의 손길을 뻗치려 했을 때, 그 실행에 필요한 금전에 부족함이 없었던 것을 감사한다. 그와 동시에 내게는 남의 도움이 필요한 일이 생기지 않았던 점에 대해서도 신들에게 감사한다. 온순하고 다정하며 소박한 아내를 맞이한 것에, 그리고 자식들을 위해 이상적인 스승을 구하는 데 곤란을 겪지 않았던 일에 감사한다. 꿈의 계시에 따라 여러 가지 치료법을 알게 된 것, 특히 각혈과 현기증의 치료법을 알게 된 것에 대해서도 신들에게 감사한다.

마지막으로 내가 철학에 관심을 갖게 되었을 때 소피스트들에게 현혹되지 않고, 또 혼자 책상에 앉아 삼단논법의 해명에 매달리거나 천체기상학에 열중하지 않은 것에 대해 신들에게 감사한다. 원래 이런 모든 일들은 신들과 운명의 도움을 필요로 하는 것이기 때문이다.

─그라누아(Granua) 강기슭 구아디(Guadi) 족의 마을에서

제2권

1

아침에 일어나면 자기 자신을 향해 이렇게 말하라.

"오늘도 나는 공연히 남의 일에 참견하는 사람, 은혜를 모르는 사람, 거만한 사람, 남을 속이는 사람, 질투심이 많은 사람, 이기적인 사람들을 만나게 될 것이다."라고.

이러한 그들의 행동은 선악에 대한 무지에서 비롯된 것이다.

그러나 나는 선의 본질은 아름답고 악의 본질은 추하다는 것을 알고 있으며, 잘못을 범하는 사람도 나와 같은 인간, 혈통을 같이한다는 뜻이 아니라 이성(理性)과 신성(神性)의 일부를 나누어 갖는다는 뜻에서 동류자(同類者)임을 알고 있기 때문에 그들로부터 아무 피해도 입지 않으며, 스스로 원하지 않는 한 아무도 나를 추악한 일에 빠져들게 할 수 없으며, 나는 그들에게 화를 내거나 그들을 미워할 수 없다.

왜냐하면 우리는 마치 손발이나 눈시울이나 아래윗니처럼 서로 협력하기 위해 태어났기 때문이다. 따라서 서로 적대시하는 것은 자연의 법칙에 위배되는 일이다.

2

약간의 육체와 호흡, 그리고 모든 것을 지배하는 이성(理性)으로 이루어진 것이 바로 나다. 당신의 장부책을 던져 버리고 그것 때문에 더 이상 마음을 산란하게 만들지 말라. 재물을 모으는 것은 당신이 추구해야 할 일이 아니다. 그것은 허용될 수 없는 일이다. 육체를 경시하라. 육체란 피, 뼈, 신경, 그리고 동맥과 정맥으로 그물처럼 짜여진 것에 지나지 않는다. 호흡은 무엇인가? 호흡 역시 중요한 것이 아니다. 그것은 공기에 불과하다. 더군다나 시종 동일한 것이 아니라 매순간 뱉아내고 빨아들이는 것이다.

그러나 모든것을 지배하는 이성에 대해서는 주의해야 한다. 당신은 이미 어른이다. 더 이상 이성을 예속 상태로 두지 말라. 더 이상 사리사욕만 취하려는 욕구에 조종되지 말라. 그리고 현재의 운명에 불만을 갖지 말고, 미래에 위축되지 말라.

3

신이 창조한 만물은 섭리에 따라 움직인다. 우연히 발생하는 일도 자연의 원리에 따라 이미 예정되어 있었던 것이며, 모든 것은 신의 섭리에 의해 다스려지며 모두 이 섭리로부터 나온다. 만물은 그 섭리에서 흘러나오고 우주 전체의 이익도 신의 섭리에 의한 것이다. 당신도 이 우주의 일부분이다. 그 밖의 모든 것도 자연의 일부분이다. 그러므로 본성이 시키는 대로 행동하고, 그 본성을 계속 간직하는 것은 선

(善)을 추구하는 것과 같다. 신의 섭리인 자연 그 자체가 근본적으로 선한 존재이기 때문이다.

변화는 자연의 한 속성(屬性)이다. 따라서 우주의 모든 것은 부분적으로 변할 뿐만 아니라 근본적으로도 변한다. 그런 원리를 이해하고 또 만족스럽게 생각하며 그에 따라 행동하라. 자연의 변화에서 만족을 찾으라. 그리하여 죽음이 당신에게 닥쳐오드라도, 불평하지 말고 진심으로 신들에게 감사하며 죽음을 맞이할 수 있도록 하라.

4

당신은 얼마나 수많은 세월을 머뭇거리며 살아왔는지 생각해 보라. 신은 당신에게 여러 차례 기회를 주었으나, 당신은 그 기회를 전혀 활용하지 않았음을 깨달아야 한다. 당신도 이제 우주의 본질이 무엇이며, 이 우주를 지배하는 힘이 무엇인가를 깨달아야 할 때가 왔다. 당신에게 허용된 시간은 한정되어 있다. 이 시간을 사용하지 않으면 시간은 흘러가 버리고, 다시는 기회가 오지 않을 것이다.

5

어떤 경우에나 로마 인으로서, 한 인간으로서, 단순한 위엄과 애정과 독립심과 정의로써 자신이 해야 할 의무를 완수하라. 다른 잡념으로부터 벗어나야겠다고 결심하라. 무슨 일을 하든 두 번 다시 그 기회가 없는 것처럼 생각하고 행동한다면, 그리고 부주의와 이성의 명령에 거역하는 격정적인 위선, 자만심, 불만 따위의 감정으로부터 자유로워진다면 당신은 안정을 얻을 수 있을 것이다. 평온하고 경건한 생활을 위해 우리가 극복해야 할 일은 실상 그다지 많지 않다. 위에 든 몇 가지 가르침을 따르는 것으로 충분하다. 신은 우리에게 그 이상의 것을 요구하지는 않는다.

6

나의 영혼이여, 너 자신을 학대하라. 너는 스스로에게 얼마나 많은 죄를 짓고 있는가. 그대 자신을 존중할 기회가 얼마든지 있다고 생각하겠지만, 모든 인간의 생애는 오직 한 번뿐이며, 그것으로 족하다. 그런데도 여전히 명예에 연연해 하는가? 명예란 단지 타인의 영혼에 너 자신의 행복을 맡겨 놓은 것에 불과하다.

7

그대에게 닥치는 외부의 모든 일이 당신의 마음을 혼란시키는가? 괜한 일로 방황하지 말고 새롭고 좋은 일을 배울 기회를 스스로 찾아라. 이리저리 방황하며 자신의 삶을 낭비하는 사람, 즉 모든 행동에 이렇다할 분명한 목적이 없는 사람이야말로 참으로 어리석은 자이다.

8

다른 사람의 마음속에서 무슨 일이 일어나고 있는지 몰라서 불행하게 되는 경우는 거의 없다. 그러나 스스로의 마음의 움직임을 모르는 사람은 기필코 불행해질 것이다.

9

당신은 늘 다음과 같은 의문을 마음속에 품고 있어야 한다.

대자연의 본성은 무엇인가. 또 나의 본성은 무엇인가. 나의 본성과 자연의 본성은 어떤 관계가 있는가. 그리고 나는 어떤 종류의 전체에 속하는 일부분인가.

물론 나의 본성은 대자연의 그것과 비교할 때 지극히 작은 부분에 지나지 않지만 자연에 따라 말하고 행동하는 것을 방해하는 것은 없다는 사실을 명심하라.

10

테오프라스투스(Theophrastus ; 알리스도텔레스를 창시자로 하는 소요 학파의 대표적 철학자)는 진정한 철학자답게 여러 가지 악한 행동을 비교하면서 욕망 때문에 저지른 잘못은 분노 때문에 저지른 잘못보다 더 심한 비난을 받아야 한다고 말한다. 왜냐하면 분노로 말미암아 일시적으로 흥분한 사람은 잘못된 행동을 할 때 적어도 무의식적인 양심의 가책과 고통을 받지만, 욕망으로 말미암아 잘못을 저지르는 사람은 쾌락에 압도되어 더욱 무절제하고 나약하게 되기 때문이다. 따라서 쾌락이 따르는 잘못은 고통이 따르는 잘못보다 더 심한 비난을 받아야 한다는 그의 말은 철학적인 타당성을 지니고 있다. 후자는 욕정에 억눌려 자제력을 잃어버리고 잘못을 저지른 것이고, 전자는 욕망 충족을 위해 자진하여 잘못을 저지른 것이다.

11

모든 일을 행함에 있어서 바로 이 순간에 죽음이 다가왔다고 생각하고 행동과 신념을 정리하라. 만약 신이 존재한다면, 신은 결코 당신을 나쁜 길로 인도하지 않을 것이므로 죽음을 두려워할 필요가 없다. 만약 신이 존재하지 않는다거나 인간의 일에 무관심하다면, 신도 없고 신의 섭리도 없는 세상에서 산다는 것이 대체 나에게 무슨 의미가 있겠는가. 그러나 진실로 신은 존재하고, 또한 인간의 일에도 깊은 관심을 가지고 있다. 그리하여 신은 당신에게 악에 빠져들지 않는 능력을 주었다. 그리고 만약 누군가 당신의 삶에 해악을 입히려 하면, 신은 당신에게 그것을 피할 수 있는 충분한 능력 속에 모든 수단 방법을 마련해 주었을 것이다. 그런데 인간을 악하게 만들지 않은 신이 어째서 인간의 생활을 악하게 만드는 것일까?

무지로 인해 신이 이러한 선과 악을 간과한다는 것은 있을 수 없는 일이며, 또한 그것을 막거나 바로잡을 능력이 없다는 것 또한 있을 수 없는 일이다. 그러나 우리 인생에는 분명히 죽음과 삶, 명예와 불명예, 고통과 쾌락, 부와 빈곤 등이 일어난다. 그런 모든 것은 우리를 더 훌륭하게 만들지도, 더 나쁘게도 만들지 못하므로 그 자체는 선도 아니며 악도 아니다. 그것들은 선인과 악인에게 가리지 않고 동등하게 일어난다. 따라서 그런 것들은 행복도 아니고 불행도 아니다.

12

우주에서 만물은 얼마나 빨리 사라져 버리는가. 인간의 육체는 무한한 우주 공간 속으로 사라지고, 그에 대한 기억은 영원한 시간 속에 묻혀 버린다. 또한 모든 감각적 사물의 본질, 특히 쾌락을 미끼삼아 우리를 유혹하고 고통으로 사람을 위협하거나, 헛된 명예로 우리를 들뜨게 하는 것들은 얼마나 무가치하고 천하며, 또 얼마나 덧없는 것인가. 이런 모든 것을 깨닫도록 하는 것이 바로 이성의 기능이다.

명예를 얻기 위해 교묘한 발언을 하고 의견을 내놓는 사람들의 진정한 가치는 무엇이며, 그들은 어떤 사람들인가. 죽음이란 무엇인가. 죽음의 본질을 깊이 생각해 보면 죽음이란 단지 자연의 진행과정일 따름이다. 자연의 변화에 대해 겁을 내는 것은 어린아이같은 행동이다. 죽음이란 단순히 자연법칙일 뿐만 아니라 자연을 이롭게 하는 일도 된다. 이런 모든 것을 깨닫게 하는 것이 바로 이성이다. 이성은 또한 인간이 신에게 어떻게 접근하는가, 즉 인간의 어떤 부분에 의해, 그 부분이 어떤 상태에 있을 때 신성(神性)에 가까워지는가를 우리에게 가르쳐 준다.

13

모든 면으로 만물을 관찰하고, 어느 시인(그리스의 시인, 핀타로스)의 말처럼 땅 속 깊이 들어가 사물을 탐색하거나 부질없이 주위 사람들의 마음속에서 일어나는 일은 살피면서 자신의 마음속에 내재한 이성은 존중하지 않는 사람이 가장 불행한 사람이다. 인간은 각자의 마음속에 있는 이성을 섬기고 그것이 이끄는 데 따라 행동해야만 격정과 방황, 신이나 인간의 행동에 대해 갖는 불안으로부터 보호하여 숙수한 상태 그대로 지켜 나갈 수 있다. 신이 하는 일은 그 탁월성으로 인해 우리의 존경을 받으며, 인간이 하는 일은 바로 당신과 형제라는 이유 때문에 선으로 받아들여야 한다. 따라서 무지로 인하여 잘못을 저질렀을 때, 우리는 그에 대해 연민의 정을 느껴야 한다.

14

당신이 3천 년, 아니 3만 년을 산다고 해도, 당신은 결코 지금 살고 있는 순간 이외의 삶을 누릴 수 없다. 누구든 존재하고 있지도 않은 과거와 미래를 상실할 수는 없다. 따라서 가장 긴 삶이거나 가장 짧은 삶이거나 결국은 마찬가지다. 소멸하는 것은 저마다 다르더라도 현재는 만인에게 동일며, 소멸하는 것은 오로지 한 순간에 지나지 않는다. 당신은 언제나 다음 두 가지의 사실을 명심해야 한다.

첫째, 이 세상 만물은 오랜 옛날부터 늘 똑같은 형태로 순환되어 왔으며 따라서 인간이 동일한 사물을 백 년, 2백 년, 아니 영원히 지켜본다 하더라도 본질적으로는 아무 차이가 없다는 사실이다.

둘째, 가장 오래 산 사람이나 태어나자마자 죽은 사람이나 죽음에 이르러서 상실하는 것은 결국 같다는 사실이다.

현재만이 인간이 소유할 수 있는 유일한 것이며, 누구라도 소유하지 않은 것은 상실할 수 없는데, 그렇다면 가장 중요한 것은 현재를 어떻게 살아가는가이다.

15

"모든 것은 단지 인간의 관념에 지나지 않는다."
는 견유학파(犬儒學派) 모니무스(Monimus)의 말이 뜻하는 바는 명백하다. 따라서 사람들이 이 말의 핵심을 진실한 한도에서 받아들인다면 틀림없이 유용할 것이다.

16

영혼이 자신을 괴롭히는 것은 다음과 같은 경우이다.

첫째, 영혼 그 자체가 우주의 종양이나 혹은 종기일 때 자신을 가장 괴롭힌다. 왜냐하면 만물의 속성은 자연의 어느 한 부분에 포함되어 자연으로부터 분리되므로 어떤 사건으로 인해 괴로워한다는 것은 바로 그 자연에 대한 일종의 역행이기 때문이다.

둘째, 어떤 사람을 외면하거나 분노한 사람의 영혼처럼 상대방을 해치려고 할 때이다. 이런 경우엔 자신의 영혼을 스스로 괴롭힌다고 할 수 있다.

셋째, 영혼이 쾌락이나 고통으로 인해 자제력을 잃었을 경우이다.

넷째, 어떤 일에 있어서 진지하지 않거나, 참된 자세로 행하지 않고 말로만 할 경우이다.

다섯째, 아무 목적도 없이 제멋대로 행동했을 때이다. 즉 아무리 사소한 일이라도 어떤 뚜렷한 목적의식을 가지고 있어야 하는데 무분별하게 어떤 일을 했을 경우를 말한다. 이성을 지닌 인간이 지양해야 할 목표는 우주의 이법(理法)과 규칙에 따르는 일이다.

17

인생에 있어서 그가 존재하는 시간은 점에 불과하고, 그 실체는 유동하는 것이다. 지각(知覺)은 혼탁하고, 육체는 결국 썩어서 사라지며, 영혼은 광란의 소용돌이다. 운명은 예측하기 어렵고, 명성은 불확실한 것이다. 요컨대 육체에 속하는 것은 모두 흐르는 물과 같고, 영혼에 속하는 것은 꿈이며 연기일 뿐이다. 인생은 전쟁이며, 나그네의 일시적 체류이며, 사후의 명성이라는 것도 망각에 불과하다.

그렇다면 과연 우리 인간을 인도하고 보호하는 길잡이는 무엇인가? 그것은 단 하나, 바로 철학이다. 철학은 인간의 마음속에 있는 신을 모독하거나 해치지 않고, 고통과 쾌락을 초월하고, 목적 없이는 어떤 일도 하지 않으며, 위선이나 허위를 멀리함으로써 다른 사람이 어떤 일을 쓸데없이 참견하지 않으며, 모든 일을 자신이 나온 근원으로부터 나오는 것으로 받아들이며, 죽음이란 모든 생물을 구성하고 있는 최초의 원소로 환원되는 데 지나지 않는다는 사실을 깨달아 기꺼이 죽음을 기다릴 수 있게 해 주는 것이다.

그런데 끊임없이 다른 것으로 변하는 원소 자체가 악이 아니라면, 어째서 인간은 모든 원소의 변화와 분해를 두려워하는가? 죽음은 자연에 따라 일어나는 한 현상이며, 현상에는 악이 있을 수 없다.

제3권

$\boxed{1}$

우리의 생명이 시간이 지남에 따라 하루하루 소모되어 차츰 줄어든다고 걱정할 필요가 있을까? 어떤 사람이 남보다 더 오래 사는 경우, 과연 사물을 파악하는 데 필요한 판단력과 이해력도 그만큼 지속되고 또한 신과 인간에 대한 문제를 이해하는 데 충분한 능력이 계속 보존되는가를 생각해야 할 것이다.

사람은 늙어서 노망을 부리기 시작해도 호흡하는 일이나 소화시키는 일, 상상력이나 식욕 등은 쇠퇴하지 않는다. 그러나 자신의 재능을 남김없이 발휘하는 힘, 의무를 이행하고 모든 현상을 명백히 가려내는 능력, 언제 이 세상에서 떠나야 하는가를 판단하는 능력, 그 밖에 훈련된 이성으로만 처리할 수 있는 능력은 쇠퇴해 버리고 만다.

그러므로 우리는 서둘러야만 한다. 순간순간 죽음을 향해 다가간다는 단순한 이유 때문이 아니라, 사물에 대한 이해

능력과 통찰력이 무엇보다도 먼저 쇠퇴하기 때문이다.

2

우리는 자연 현상에 따라 만들어진 사물에도 어떤 종류의 아름다움과 매력이 있다는 것을 알아야한다. 예를 들어, 빵을 구울 때 여기저기가 갈라 터지는 수가 있다. 이렇게 갈라진 부분은 빵을 굽는 사람의 의도와는 어긋나지만, 그것은 그 나름대로 일종의 아름다움을 갖추고 있어 우리의 식욕을 돋우는 것이다. 그리고 무화과 열매는 다 익으면 저절로 벌어져 터지고, 올리브 열매는 썩기 직전에 각별한 아름다움을 지닌다. 고개숙인 벼이삭이라든지 포효하는 사자의 눈초리, 멧돼지의 입에서 흘러내리는 거품 등을 따로 떼어서 생각한다면 아름답다고까지는 할 수 없겠지만, 자연에 의해 형성된 사물이기 때문에 훨씬 더 사물을 돋보이게 하고, 그 자체가 사람의 마음을 즐겁게 해 주는 것이다.

그러므로 우리가 우주의 작용에 대하여 감수성과 예민한 통찰력을 갖는다면 이 세상 거의 모든 것에서, 비록 그것이 부수적으로 생기는 어떤 사소한 것일지라도, 그 나름대로의 아름다움을 발견할 수 있을 것이다. 따라서 사자나 호랑이가 포효하는 것도 훌륭한 화가나 조각가의 작품과 마찬가지로 즐겁게 바라볼 수 있을 것이다. 또한 늙은 여자나 남자에게서는 일종의 원숙한 아름다움을, 젊은이에게서는 매혹적인 순결과 활기를 찾을 수 있을 것이다.

그러나 모든 사람이 다 그런 즐거움을 누릴 수 있는 것은 아니다. 자연은 그 작품에 진실로 친근감을 갖고 대하는 사람에게만 진정한 모습을 드러낸다.

3

힙포크라테스(Hippocrates ; 그리스의 의학자. 과학적 의학법을 수립하여 '의학의아버지'라 불렀음)는 수많은 사람의 병을 고쳐 주었지만, 정작 자신은 병들어 죽었다. 칼데아의 점성가들은 많은 사람들의 죽음을 예언하였지만, 그들 자신도 결국은 그 운명에서 벗어나지 못했다. 알렉산더, 폼페이우스, 가이우스 케사르는 연달아 많은 도시들을 파괴하고 전투에서 수만에 이르는 적의 병사들을 무찔렀으나, 그들 또한 결국에는 죽음을 면하지 못했다. 헤라클레이토스 (Heracleitos ; 기원전 5백 년 무렵의 고대 그리스 철하자)는 불에 의한 우주의 변화에 그처럼 깊은 사색을 했지만, 마침내는 몸 속에 물이 가득 차서(수증증) 오물을 뒤집어쓰고 죽었다. 데모크리토스(Democritos ; 고대 그리스 유물론 철학자)는 이(虱)에 물려 죽었고, 소크라테스는 해충(시인 멜리투스, 제조업자 아니투스, 웅변가 리콘을 가리킴) 때문에 죽었다.

이런 모든 일은 어떤 의미를 지니고 있는가? 당신이 인생이라는 배를 타고 항해를 하다가 마침내 피안(彼岸)에 이르렀다고 가정하고 밖으로 나가 보자. 그러나 무감각의 세계 속으로 들어 간다면, 당신은 더 이상 고통이나 쾌락이라는 배의 노예가 되지 않을 것이다.

우리의 육체는 이 배를 움직이는 탁월한 정신에 비하면 매우 보잘것없는 것이다. 전자는 이성이요 신성이고 후자는 흙이고 부패이기 때문이다.

4

　공공의 이익과 관련된 일이 아니라면 쓸데없이 다른 사람의 일에 관심을 기울이는 일로 당신의 생애를 낭비하지 말라. 그 사람은 왜 그런 일을 하는가, 무엇을 생각하는가, 왜 그런 말을 하는가, 그는 어떤 계획을 세우고 있을까, 이렇게 이성을 어지럽히는 온갖 일에 관심을 가지면, 정작 자기의 중요한 일을 할 수 있는 기회를 놓치게 된다. 그러므로 우리는 어떤 생각이 떠오를 때마다 맹목적이고 무익하며, 지나친 호기심에서 비롯된 해로운 것은 제거해야만 한다. 갑자기 누군가로부터 "당신은 지금 무슨 생각을 하고 있는가?"라는 질문을 받더라도 그 즉시 당당하게 "이러이러한 것을 생각하고 있다"라고 대답할 수 있는 일만을 늘 생각하는 습관을 가져야만 한다.

　당신이 하는 말을 들으면, 당신의 마음속에 있는 생각은 단순하고 자비로우며 사회적 동물에 어울리며, 쾌락이나 감각적인 향락에 얽매이지 않고, 적대감이나 질투심에서 비롯된 것이 아닌, 누구에게나 당당하게 말할 수 있는 생각이라는 것이 분명히 느껴지도록 해야 한다. 그런 사람은 스스로의 마음속에 뿌리박은 신성(神性)에 귀를 기울임으로써 쾌락에 빠지지 않고, 고통으로 인해 괴로움을 겪지도 않고, 어떤 모욕에도 개의치 않는다. 떳떳하지 않은 일은 생각하지도 않고 가장 고귀한 투쟁을 위해 자신의 정력을 모두 바친다. 마음속 깊이 정의감이 가득 차 있어 어떤 정념에도 굴복당하지 않고, 심혈을 기울여 자기에게 일어나는 일, 자기에게 맡겨지는 일을 모두 운명으로 받아들이며 그 일에 참여한 다른 사람들이 무슨 말을 하건, 어떤 일을 하건, 또는 무슨 생각을 하건 그것이 공공의 이익과 관련되지 않는 한 전혀

관심을 두지 않고 오직 자기가 해야 할 일만 하는, 그야말로
참된 신의 종복이다.

그들은 자신의 신성이 이끄는 대로 기꺼이 운명을 받아들
인다. 또한 인류는 서로 가까운 형제임을 알고 있으므로 사
람들을 대할 때 항상 인류애로 존중한다. 그리고 다수의 의
견이 아니라 자연에 따라 살아가는 사람들의 의견을 존중해
야 한다는 것도 잘 알고 있다. 자연에 순응하지 않고 살아가
는 사람들이 집 안 또는 집 밖에서 하루종일 어떤 일을 하
고 있으며, 또한 그들이 어떤 사람들과 어울려 불결한 생활
을 하고 있는지 잘 알고 있기 때문이다.

$$\boxed{5}$$

공공의 이익에 관련되는 것이라면 무슨 일이든간에 자발
적으로 해야 한다. 그러나 결코 오락삼아 가볍게 행동하지
말고 신중하게 생각한 후에 행동해야 한다. 사고(思考)를 정
교하게 꾸미지 말고, 수다를 떨지 말고, 쓸데없는 일에 참견
하지 말라. 그리고 당신의 마음속의 신성을 생활의 수호신
으로 삼아 남자답게, 성숙한 로마인답게, 또 통치자로서 자
기 지위를 지킴에 있어서, 항상 죽음을 두려워하지 않는 사
람처럼 담담히 행동해야만 한다. 공격 신호를 기다리는 용
감한 병사처럼 어떤 굳은 맹세나 보증도 필요없이 오직 삶
과 죽음에 관한 스스로의 믿음에 따라 언제든 이 삶의 전장
에서 떠날 채비를 하라.

그런 생활자세 속에 다른 사람의 봉사나 위로 없이도 명
랑한 삶을 누릴 수 있는 비결이 있다. 즉 남을 의지하지 말
고 스스로의 힘으로 곧게 서야 한다.

6

인간의 생활에 있어서 정의, 진리, 절제, 불굴의 정신보다 더 훌륭한 것을 찾아본다면 그것은 올바른 이성이다. 스스로의 행동이 이성의 명령에 따른 것이라 확신하고, 자신의 운명은 신이 내려준 것임을 확신하는 가운데서 더할 수 없는 마음의 평화가 얻어진다. 그런데 실제로 당신 내부에 있는 신성은 어떤가? 정의 또는 진리보다 더 훌륭한 그것을 위해 당신은 온 마음을 기울여 검토하고 있는가?

당신의 마음속에 깃들여 있는 신성에 의해 모든 욕망을 억제하고, 모든 생각을 면밀히 검토하고, 소크라테스의 말처럼 감각적 유혹으로부터 벗어나 신에게 순종하는 생활로 돌아가는 것보다 더 뛰어난 것이 없다고 생각한다면, 또한 그 외의 모든 것은 신성에 비해 보잘것없고 무가치한 것이라고 생각한다면, 당신은 신성을 제외한 그 어느 것에도 일단 사소하고 가치 없는 일에 마음을 빼앗기게 되면 당신의 귀중한 재산이며 보호자인 신성을 섬길때 있어서 심한 정신적 갈등을 느끼게 될 것이기 때문이다.

그리고 많은 사람에게 칭찬을 받거나 권력, 쾌락의 추구 등을 이성 또는 시민의 의무를 내포하고 있는 선(善)과 비교해 보면 참으로 보잘것없는 것들이기 때문이다. 이러한 모든 것이 일시적으로는 우리에게 순응하는 것처럼 보이지만 어느 순간 갑자기 거대해져서 우리를 압도해 버린다. 그러므로 당신은 자유롭게 가장 최선의 것을 선택하여 그것에 충실해야 한다.

어쩌면 당신은 이렇게 자문할지 모른다. 최선의 것이란

무엇인가? 결국 자신에게 즐거움을 주는 것이 가장 가치 있는 것이 아닌가? 만약 그것이 이성적으로 판단하여 나온 결론이라면 당신의 말은 옳다. 그러나 단순히 동물적인 감정으로 내린 것이라면 순순히 잘못을 긍정하고 단호하게 당신의 생각을 바꾸어야 한다.

7

당신으로 하여금 신용을 잃게 하고, 자존심을 잃게 하고, 남을 미워하게 하거나 의심하게 하고 저주하게 하고 위선을 행하게 하면서 얻어진 이익이라면 그것은 결코 당신에게 도움이 되지 않는다. 그리고 벽이나 장막이 필요한 모든 것들이 당신에게 어떤 도움을 주리라고 판단하지 말라.

이성과 신성의 인도에 따라 행동하고 그것을 숭배하는 사람은 비극적 역할을 맡는 일이 없으며, 불평하지 않으며, 고독을 느끼지도 않는다. 그런 사람은 죽음을 추구하거나 피하지 않으면서 살고 자기의 영혼이 육체에 머물러 있는 시간이 길건 짧건 전혀 개의치 않는다.

설사 지금 당장 이 세상을 떠난다고 해도 이제까지의 품위와 절도를 잃지 않고 자기가 해야 할 일을 처리하듯 태연하게 죽음을 받아들일 것이다. 단지 그들은 자기의 마음이 이성을 떠나지는 않았는가, 또 사회에 대한 의무를 소홀히 하지는 않았는가 우려할 따름이다.

8

세련되고 순화된 사람의 마음속에서는 부패나 부정 등은 전혀 찾아볼 수 없다. 그러한 사람의 일생은 마치 연극이 끝나기도 전에 막이 내려 무대를 떠나는 배우처럼 미완의 상태로 끝나 버리지는 않는다.

그리고 어디서든 비굴하거나 남에게 의지하지 않으며, 그렇다고 남을 배척하는 일도 없다. 자기의 책임을 남에게 덮어씌우지도 않으며, 사물에 지나치게 집착하지 않는다.

따라서 그들은 비난을 받는다거나 다른 피신처를 찾지도 않을을 것이다.

9

당신의 사고 능력을 존중하라. 당신의 이성이 자연과 조화될 수 있느냐 없느냐는 오직 이 능력에 달려 있다. 그리고 이 능력에 의해 당신이 신중하고 정확한 판단을 내릴 수 있으며, 인간에게 친절을 베풀 수도, 신의 의사에 순종할 수도 있는 것이다.

10

소수의 진리만 남겨 두고 나머지는 모두 버리도록 하라. 모든 인간은 오직 현재의 이 순간만을 살고 있을 뿐이며, 그 밖의 생애는 이미 지나가 버렸거나 아직 오지 않은 미지의 것임을 잊지마라.

당신의 생애는 짧은 한순간에 불과하며 몸담고 있는 곳은 지구상의 한모퉁이일 뿐이다.

당신은 죽어서 오래 기억되기를 바라는가? 그러나 그들 역시 당신과 마찬가지로 언젠가는 죽어야 할 존재들이다. 죽은 후에 자신의 명성이 오래도록 남기를 바라는 것은 이미 오래 전에 사라져 버린 사람들의 기억 속에 당신의 이름이 남아 있기를 바라는 것과 마찬가지이다.

11

이제껏 언급한 것을 더 보충하기 위해 한 가지 더 덧붙이기로 하자. 당신이 접하게 되는 사물에 대한 정의를 내려 그것의 본질을 정확히 파악하라는 것이다. 모든 부가물(附加物)을 제거하고 벌거벗은 참모습을 직시하라. 비록 지금은 그럴듯한 형상을 취하고 있을지라도 언젠가는 분해되어 다른 것으로 변하게 될 것들이다.

당신이 살아가는 동안에 당신에게 나타나는 모든 사물을 성실히 조직적으로 검토하고 사물을 대할 때에는 항상 그것이 우주에서 어떠한 위치를 차지하고 있으며, 그리고 그것이 만물과는 어떤 관련 밑에서 어떠한 효용을 갖고 있으며, 또 모든 국가들 중 최고인 로마의 시민으로서의 자신과 어떤 관계가 있는지 고찰하도록 하라.

현재 내 앞에 놓여 있는 이 사물의 본성은 무엇이며 또 얼마나 오랫동안 지속될 것인가?

이러한 사물에 대해 친절, 용기, 진실, 소박, 만족 등의 덕 중에서 나에게 필요한 덕은 어떤 것인가를 고찰하는 것처럼 마음을 풍요롭게 하는 것은 없다.

그러므로 당신은 언제나 이렇게 말해야 한다. 이것은 신이 부여하신 것으로, 운명과 흡사한 우연의 일치로 운명의 실에 의해 짜여진 것이다.

어쩌면 그것들 중에는 신이 요구하는 바를 알지 못하는 당신의 형제들로부터 나온 것도 있을지 모른다. 그러나 그들이 모르는 것을 당신은 알고 있다는 이유로 형제들을 비난해서는 안 된다. 오히려 자연의 법칙에 따라 그들에게 호의와 친절을 베풀어야 하며, 보잘것없는 사물에 대해서도 그 나름대로의 가치를 확인하고자 노력해야 한다.

12

만약 당신이 진지한 열의와 침착한 마음을 흐트러뜨리지 않고 올바른 이성에 따르며, 자기가 가지고 있는 신성을 언제라도 되돌려줄 수 있도록 그것을 소중하게 간직한 채 모든 일을 처리해 간다면, 그리고 이처럼 행동하면서 아무것도 기대하지 않고 두려워하지 않으며 말과 행동이 자연의 법칙과 일치한다면, 행복은 바로 당신의 것이다. 그리고 그 누구도 당신의 행복을 방해하지 못할 것이다.

13

만일의 경우, 자기 기술을 발휘해야 할 때를 대비하여 언제나 치료 기구와 메스를 잘 정돈해 두는 의사처럼, 당신도 사물과 인간은 어떤 관계를 맺는 것이 바람직하며 또한 신과 사물과의 관계는 어떠한가를 이해할 수 있는 신조를 가지고 있어야 한다. 그리고 사소한 일이라도 이 둘 사이의 관계를 의식하고 행동 하여야 한다. 신과의 관계를 알지 못하면서, 그리고 사물과의 관계도 알지 못하면서 훌륭하게 일을 처리할 수는 없기 때문이다.

14

이제 더 이상 공연히 방황하는 것을 멈추어라. 당신은 이제 당신 자신의 비망록(備忘錄)이나, 고대 로마인이나 그리스인의 자서전이나, 혹은 당신의 노후를 생각해서 여러 책에서 뽑은 발췌록(拔悴錄)같은 것을 읽어서는 안 된다. 당신 눈앞의 일을 서둘러서 성취하라.

　당신에게 주어진 시간은 결코 길지 않다. 진실로 자기 자신을 위한다면 헛된 희망을 던져 버리고 아직 능력이 남아 있는 동안에 이성의 인도에 따르라.

15

　사람들은 다음과 같은 말에 얼마나 많은 의미가 담겨져 있는가를 잘 모른다. 즉 물건을 훔친다든가, 씨를 뿌린다든가, 물건을 매매한다든가, 조용히 지낸다든가, 꼭 해야 할 자신의 의무를 이행한다든가 하는 말 등이다. 이것은 눈으로는 볼 수 없으며, 전혀 다른 종류의 통찰력에 의해서만 비로소 밝혀지는 것이기 때문이다.

16

　육체, 영혼, 이성—육체에는 여러 종류의 감정이 있고, 영혼에는 욕망이 있으며, 이성에는 원칙이 내포되어 있다.

　감정은 인간뿐만 아니라 짐승에게서도 찾아볼 수 있다. 폭군 네로나 팔라리스(Phalaris ; 기원전 6세기경의 시실리아의 통치자. 산 사람을 끓는 가마솥에 넣어 죽였다고 함)같은 사람도 갑작스런 충동에는 이끌리고 말았다. 또 신을 부정하는 사람, 나라를 팔아먹는 사람, 문을 닫아걸고 은밀한 곳에서 불결한 행동을 하는 사람들도 자기의 의무를 적당히 일깨워 주는 이성을 지니고 있다.

　내가 이미 밝힌 모든 것을 만인이 공동으로 가지고 있다면 선한 사람이란 어떤 사람인가? 그들은 어떠한 일이든 운명의 손길이 자기에게 제공한 것이라면 기꺼이 만족스럽게 받아들이며, 자기의 마음속에 있는 신성을 더럽히거나 잡다한 상념으로 흐트러뜨리지 않으며, 신성에 순종함으로써 진리에 어긋나는 말을 입에 담지도 않으며, 정의에 위배되는 행동은 하지 않는 사람들이다.

또한 그들은 자신이 성실하고 겸손하며 자기 신뢰의 행복 속에서 살아가고 있다는 사실을 모든 사람이 의심한다고 해도 결코 화를 내지 않는다. 오히려 그들은 평온하고 순수한 마음으로 조용히 죽음에 대비하며, 추호도 무리하지 않고 운명과 조화를 이루며 자신의 의무가 명하는 길을 말없이 걸어갈 뿐이다.

제4권

1

우리를 지배하는 내부의 힘이 자연에 순응할 때에는 여러 가지 현상에 대해 언제나 쉽사리 적응한다. 즉 그것은 무엇인가를 미리 준비하지 않고서도 일정한 조건 밑에서 그 목적을 향해 나아가며, 비록 그 앞에 장애물이 나타나더라도 기꺼이 타협한다. 그것은 마치 불이 자기에게 던져진 물건을 태워 버리는 이치와 같다. 약한 불이라면 곧 꺼지겠지만 불길이 강할 때에는 오히려 던져진 물건이 재료가 되어 더욱 강하게 타오르는 것이다.

2

어떤 행동을 할 때 목적도 없이 아무렇게나 해서는 안 된다. 기술로 처리할 수 없다면 실행하지 말라.

사람들은 시골이나 해변, 산 속 등 조용한 곳을 은신처로 삼기를 즐겨한다. 당신에게도 그러한 장소를 열망하는 마음이 있다면 그것은 당신이 극히 평범한 사람이라는 증거가 된다. 당신은 마음이 내키면 언제라도 자신 속에서 휴식을 취할 수가 있기 때문이다. 자기 자신의 영혼보다 더 고요하고 안락한 장소는 없다. 특히 영혼이 안정된 상태에 있을 때라면 더욱 그렇다. 내가 말하는 마음의 평정은 곧 정신의 훌륭한 질서를 가리키는 것이다. 그러므로 이 은신처에서 휴식을 취하여 끊임없이 자신을 쇄신하라.

그리고 당신의 이 원리는 간결하고도 근본적인 것이어야 한다. 그것을 상기하는 것만으로도 곧 당신의 영혼은 깨끗이 정화되고 당신이 주목하는 것들에 대한 불만이 사라질 것이다.

그러면 당신의 불만은 무엇인가? 인간의 사악함에 대한 불만인가? 모든 사람은 서로를 돕기 위해 존재하고 있으며, 서로 참는 것은 정의의 한 부분이며, 본의아니게 잘못을 저지를 뿐이라는 사실을 명심하라. 얼마나 많은 사람들이 적의와 의심, 증오로 인해 싸우다가 한 줌의 재로 변하였는가를 명심하라. 그리하면 결국 당신은 마음의 평정을 찾을 수 있을 것이다.

당신은 우주로부터 주어진 당신의 역할에 불만을 품고 있을지도 모른다. 그렇다면 과연 세상에 신의 섭리가 있는가, 아니면 원자만 있어서 모든 사물이 우연히 결합되는 것인가, 라는 명제를 상기해 보라. 만약 현명한 신이 존재하지 않는다면 이 세상은 단지 원자들의 무질서한 결합에 불과할 뿐이다. 만약 현명한 신의 지배하에 이 세상이 움직인다면 불만을 품어 스스로를 괴롭힐 필요가 어디 있는가? 이 세계가 조화를 이룬 가운데 움직이고 있다는 사실을 증명해 주는 수많은 이론을 생각하라. 그러면 마침내 평안한 마음을 지니게 될 것이다.

그러나 한편으로는 육체적인 것들이 아직도 당신을 속박할는지 모른다. 육체의 능력은 정신에 아무런 영향도 주지 못한다. 육체가 쾌락과 고통에 웃고 울지라도 정신은 여전히 침착과 평온함을 유지할 수 있는 것이다. 지금까지 쾌락과 고통에 대해 듣고 수긍해 온 모든 것들을 차분히 생각해 보라. 그리하면 평정을 찾게 될 것이다.

그러나 또 한편으로 명성을 구하고 싶은 욕망이 당신을 괴롭힐지도 모른다. 그렇다면 당신의 눈앞에서 일어나는 모든 일이 얼마나 빨리 잊혀지는가를, 그리고 과거와 미래의 무한한 시간에 비해 현재는 얼마나 짧은 순간에 지나지 않는가를 생각하라. 칭찬의 헛됨과 찬양하는 사람들이 쉽게 변하고, 공정치 못하며, 그 칭찬이 전해지는 곳이 얼마나 좁은 곳인가를 생각하라. 우주와 비교할 때 지구는 한 점에 불과하다. 그 속에서도 당신이 몸담고 있는 곳은 얼마나 작은 한구석인가? 당신을 알고 있는 사람이 전세계 인류 중 몇 명이나 될 것이며 그들 중 얼마나 되는 사람이 당신을 칭찬할 것인가? 또 당신을 칭찬하는 사람들은 어떤 종류의 사람들인가? 어째서 당신은 결점 투성이인 몇 명 안 되는 사람들의 칭찬을 받기 위해 마음을 졸이며 스스로 괴롭히고 있는가? 이제 당신 안에 있는 작은 영지(領地)에 안주하라. 무엇보다도 마음을 혼란시키지 말며 초조해 하지 말고 자유로워야 한다. 한 남자로서, 한 인간으로서, 한 시민으로서, 그리고 언젠가는 죽어야 할 존재로서 인생을 대하라. 당신이 명심해야 할 좌우명으로서 다음의 두 가지를 언제나 기억하라.

첫째로 사물은 외부에 있고 고정된 것이므로 영혼에 영향을 주지 못하며, 마음의 동요는 오직 마음속의 주관(主觀)에서 비롯될 뿐이다.

둘째로 당신의 눈앞에 있는 것은 매순간마다 변하며, 곧 사라져 존재하지 않게 된다. 이미 당신은 그러한 변화를 수없이 목격하지 않았는가? 우주는 변화이며, 인생은 자신이 그것을 어떻게 생각하느냐 하는 견해에 불과하다.

4

만약 우리들의 예지가 모든 인류에게 공통된 것이라면 우리에게 해야 할 일과 해서는 안 될 일을 구분짓게 하는 이성 역시 모든 인류에게 공통된 것이다. 이런 점으로 미루어 세계는 하나의 국가라고 생각할 수 있으며, 모든 인류는 정치적 공동체이다. 그 밖의 어떤 정치적 공동체에 모든 인류가 속해 있다고 할 수 있는가? 우리들의 지적 능력, 추리 능력, 법에 대한 능력은 이 보편적인 정치적 공동체로부터 생겨나는 것이다. 만약 그렇지 않다면 이러한 능력은 어디에서 나오는 것이겠는가? 나의 몸을 구성하는 요소 중에서 흙으로 된 것은 흙에서, 물로 된 부분은 다른 원소로부터 생긴 것이며 호흡의 원천이 공기인 것처럼 모든 인류는 서로 형제이며, 인간이 지켜야 할 법은 이성으로부터 나온 것이 틀림없다. 왜냐하면 무(無)로부터는 아무것도 생겨날 수 없기 때문이다.

5

죽음은 본질상 출생과 마찬가지로 자연의 신비이다. 출생이란 여러 원소의 결합이며, 죽음이란 여러 원소가 다시 흩어진 상태를 말한다. 따라서 인간은 죽음을 두려워하거나 부끄러워할 필요가 없다. 그것은 이성적 존재의 본질에 어긋나지 않으며, 우리들 인체 구조의 원리에도 어긋나는 것이 아니기 때문이다.

6

어떠한 사람이든 각자 자기에게 적합한 일을 하는 것은 당연한 일이다. 만약 그 누군가가 이러한 사실을 부인 한다면 무화과나무에서 전혀 다른 열매가 맺히기를 바라는 사람과 같다. 그러나 당신이나 다른 사람이나 모두 머지않아 죽는다는 사실을 상기하라. 그리고 얼마 후에는 당신의 이름조차 잊혀질 것이다.

7

당신의 의견이 옳다고 고집부리지 말라. 그러면 피해를 입었다는 느낌이 없어질 것이다. 그 느낌이 없어지면 자연히 피해 그 자체도 소멸되어 버린다.

8

사람을 지금 자체보다 더 나쁘게 만들지 않는다는 것은 그의 일생을 해치지 않는 것이며, 그에게 내부적이든 외부적이든 어떠한 해도 끼치지 않는다는 것이다.

9

유익한 것의 본질은 필연적으로 그것을 완수해야만 하는 것이다.

10

어떤 것이든 이 세상에서 일어나는 일에는 정당한 이유가 있다. 만약 당신이 그러한 모든 일을 주의 깊게 관찰한다면 반드시 그 정당성을 인정하게 될 것이다. 나는 오직 사건의 단순한 인과관계적인 지속성에 대해서만 말하는 것이 아니다. 모든 일의 정당성, 더구나 그것은 각 사물이 자기의 가치를 인정하는 자에 의하여 이루어진 것처럼 정당하다는 점을 지적하고 싶다.

그리고 무슨 일을 하든 누구든지 그것이 선한 일임을 인정할 수 있도록 행동하라. 어떤 행동을 하더라도 이 점을 명심해야만 한다.

11

오만한 행동으로 당신에게 해를 끼치려 하는 사람이나, 당신이 피해를 주기를 바라는 사람처럼 사물에 대한 당신에게 주지시키려는 의견을 받아들이지 말라. 항상 진리에 비추어 사물의 있는 그대로의 참모습을 바라보라.

12

이간은 언제나 다음의 두 가지 규칙을 따를 마음의 준비를 해야만 한다.

첫째로 지배자로서 또한 입법자로서의 이성이 인간에게 유익하다고 권유하는 일만을 행해야 한다.

둘째로 당신 주위에 당신을 올바른 길로 인도하고자 하는 사람이 있다면 그 사람의 충고에 따라 당신의 생각을 바꾸어야 한다. 그러나 당신의 생각을 바꿀 때에는 정의나 공공의 이익에 어긋나지 않는다는 확신이 서야만 가능하다. 그 결심이 쾌락이나 좋은 평판을 받기 위한 것이어서는 안 된다.

13

당신에게 이성이 있는가? 물론 있다. 그렇다면 어째서 그 이성을 이용하지 않는가? 만약 이성이 본래의 하고 있다면 더 이상 당신은 무엇을 바라겠는가?

14

당신은 지금까지 세상의 한 부분으로 존재하여 왔다. 그리고 언젠가는 당신을 태어나게 한 자연의 품으로 되돌아갈 것이다. 아니, 오히려 당신은 변화에 의해 생성(生成)의 원리 속으로 되돌아간다고 할 수 있을 것이다.

15

같은 제단 위에 차려 놓은 수많은 유향(乳香)의 낟알들도 먼저 떨어지고는 것과 나중에 떨어지는 것이 있다. 그러나 거기에 과연 무슨 차이가 있다는 말인가?

16

만일 당신이 이제까지의 생활 신조를 바꾸어 원칙으로 되돌아가서 이성을 존중하게 되다면, 지금 당신을 들짐승이나 원숭이 정도로 평가하는 사람일지라도 열흘이 못 돼서 당신을 신처럼 섬기게 될 것이다.

17

마치 천 년이나 만 년이라도 살 것처럼 행동하지 말라. 지금도 죽음은 다가오고 있다. 살아 있는 동안, 아직 능력이 있을 때 선을 베풀도록 하라.

18

다른 사람들이 무슨 말을 하고 무슨 일을 하며 어떤 생각을 하고 있는지 무관심하고, 오직 자신이 해야할 일에만 관심을 쏟고 그 일이 정당하고 신의 뜻에 합당한가만을 생각하는 사람은 많은 시간과 수고를 절약할 수 있다. 선한 사람은 다른 사람의 타락한 모습을 돌아보지 않고, 곧장 자신의 목표를 향해 나아갈 뿐이다.

19

자신의 사후 명성에 연연해 하는 사람은 자기를 기억해 주는 사람들 역시 곧 죽게 된다는 사실을 생각하지 못하는 사람이다. 어떠한 명성도 그것을 기억하고 있는 소수의 사람을 통해 전해지다가 결국은 사라져 버리고 만다. 아니, 설사 당신을 기억하는 사람들이 죽지 않고 그들의 기억 역시 영원하다고 가정하더라도 그것이 당신과 무슨 관계가 있다는 말인가? 당신이 이미 죽은 후에 그들의 찬양은 아무 의미도 없는 것이다. 또한 살아 있다고 해도 그것이 무슨 의미가 있겠는가? 고작해야 어떤 편의(便宜)가 제공될 뿐이다. 아무튼 당신이 후세 사람들의 평판에 신경을 소모하고 있다면 당신은 자연의 선물을 받을 수 있는 현재를 잘못 이용하고 있는 것이다.

20

어떤 점에서든 아름다운 것은 그 자체가 아름다운 것이다. 그 자체에 본성이 있는 것이지 어떤 외부적 요소 때문에 아름다운 것은 아니다. 그러므로 찬양이 아름다움이란 본질의 일부분이 될 수는 없다. 찬양을 받는다고 해서 그것이 더 좋아지거나 더 나빠지는 것은 아니다.

흔히 아름답다고 말하는 사물, 예술 작품, 자연 현상 등도 이와 마찬가지이다. 진정 아름다운 것은 그런 찬사가 필요하지 않다. 법칙이나 진리, 자비심, 겸손 등이 찬양을 받았다고 해서 더 미화되고 비난을 받았다고 해서 손상되는가? 에메랄드가 는 찬양받지 못한다고 그 본래의 아름다움이 상실되겠는가? 또 금이나 상아, 자수정, 하프, 단도, 관목 등도 그러하단 말인가?

21

만약 죽은 후에도 영혼이 영원히 소멸되지 않고 남는다면 대기는 어떻게 이 수많은 영혼들을 태고적부터 수용해 왔을까? 그리고 육체가 썩지 않는다면 대지는 어떻게 아득한 옛날부터 그 속에 매장된 시체들을 수용해 왔을까? 대지에서는 수많은 시체가 한동안 땅 속에 머물러 있다가 이윽고 분해되어 다른 시체에게 장소를 비워 주는데, 이처럼 영혼도 얼마 동안 대기 속에 머물러 있다가 변화하고 분해되어 우주의 창조적 원리에 따라 불과 같은 성질이 되었다가 이윽고 새로운 영혼에게 자리를 양보하는 것이다. 아마도 영혼 불멸에 대해 사람들은 이와 같이 대답할 것이다.

그러나 우리는 죽어서 매장되는 시체의 숫자만을 생각해서는 안 된다. 매일매일 얼마나 많은 동물들이 다른 동물의 먹이가 되어 그들의 육체 속에 들어가겠는가? 그럼에도 불구하고 희생된 동물들은 그들을 잡아먹은 동물들의 피와 공기와 물과 같은 성분으로 변하여 사라진다. 이처럼 자연은 이용할 수 있는 것은 모조리 이용한다. 이 문제에 있어서 진리를 발견하는 길은 무엇인가? 그것은 물질과 형상 및 형상적인 것의 원인을 구분짓는 분석법으로써 알 수 있다.

22

공연히 방황하지 말라. 어떤 행동을 하든 진리를 존중하여 정의에 비추어 보고, 온갖 지혜를 동원하여 신중히 생각하라. 무슨 일이든 반드시 우주의 필연성에 의해 일어나는 것이기 때문이다.

23

오, 우주여! 그대와 조화를 이루고 있는 것은 바짐없이 나와도 조화를 이룰 수 있다. 그대에게 적절한 시기에 일어난 것이라면 나에게도 너무 이르거나 늦지 않다.

오, 자연이여! 그대의 계절에 따라 생산되는 것은 모두 나를 위한 결실이다. 만물은 그대로부터 나에게 오고 그대 안에 있으며, 그대에게로 되돌아간다. 어떤 사람은 "케크로프스(Cecrops)의 친애하는 도시여!"라고 말했지만, 그대는 "제우스의 친애하는 도시여!"라고 말하지 않겠는가?

24

철학자 데모크리토스는 "마음의 평정을 얻고 싶다면 많은 일을 하지 말라."고 말했다. 그러나 그것보다는 이렇게 말하는 것이 좋지 않을까?

"필요한 일만 하라. 사회적 존재로서의 이성이 요구하는 일만을 이성에 따라 행하라."

이렇게 함으로써 반드시 해야 할 일만 하는 데서 오는 마음의 평정을 얻는 것뿐만 아니라, 또한 그것을 훌륭하게 수행함으로써 오는 마음의 평정도 얻을 수 있다.

우리가 늘 말하고 행동하는 것은 대부분 불필요한 것이다. 그러한 요소만 제거할 수 있다면 우리는 더욱 많은 시간을 즐기게 되고 반면에 근심이나 불안은 줄어들 것이다. 그러므로 어떤 일을 하기에 앞서 자신에게 '이 일은 꼭 필요한 것인가?'라고 물어 보라. 또한 불필요한 행동 뿐만 아니라 불필요한 사상까지도 깨끗이 버려야 한다. 그러면 자연히 불필요한 행동은 하지 않고 반드시 필요한 행동만 하게 될 것이다.

25

만유(萬有)로부터 주어진 스스로의 운명에 만족하는 사람, 올바르게 행동하고 자신의 인자한 성품에 만족하고 있는 사

람―이런 선인의 생활이 당신에게 어느 정도 적합한지 한
번 시험해 보라.

26

당신은 저 여러 가지 일들을 본 적이 있는가? 보았다면
이제는 사물의 다른 쪽 면을 보라. 마음이 흐트러지는 일이
없도록 단순한 마음을 가지도록 노력하라. 누가 당신에게
피해를 준다면, 그는 결국 자기 자신에게 해를 끼치는 것일
뿐이니 상관하지 말라.

당신에게 무슨 일이 일어났는가? 그러나 개의치 말라. 세
상에서 일어나는 일은 우주가 생성될 때부터 이미 예정된
것이며, 당신의 운명 속에 포함되어 있는 것이다.

당신의 인생은 짧다. 그러므로 이성에 복종하고 정의를
행함으로써 현재를 이용해야만 한다. 긴장이 풀렸을 때에도
지나치게 해이해져서는 안 된다.

27

그것이 질서 정연한 우주이든, 아니면 난잡한 카오스이든
우주임에는 변함이 없다. 그러나 당신의 마음속에는 질서가
존재하는데 우주에는 질서가 없다는 상태가 가능할까? 만물
은 분리되고 흩어지면서도 서로 조화를 유지하므로 가능한
일일 것이다.

28

음탕한 성격, 비겁한 성격, 완고한 성격, 맹수처럼 잔인하
고 어리석고 교활하며 천박하고 탐욕스러운 폭군적인 성격.

29

우주에 있는 사물의 종류에 대해 모르는 사람을 우주 속의 이방인이라고 한다면, 우주에서 일어나고 있는 일을 모르는 사람 역시 문외한이라고 할 수 있다. 그러한 사람은 이성의 법칙에서 달아나려는 도피자이며, 예지의 눈을 감은 장님이며, 스스로 자신의 생계를 책임지지 못하고 남에게 의지하려는 거지와 마찬가지이다.

이 세상에서 일어나는 일에 불만을 품고 우리의 보편적인 본성인 이성으로부터 물러나 스스로를 고립시키고 학대하는 사람은 우주에 붙어 있는 종기에 지나지 않는다.

자기의 고유한 영혼을 유일한 이성적 존재의 영혼으로부터 분리시키는 자는 사회로부터 떨어져 나간 보잘것없는 하나의 조각에 불과하다.

30

한 철학자는 내의도 입지 않고 지내며, 한 철학자는 한 권의 책도 갖지 못하고 철학을 한다. 또한 옷을 거의 벗은 반라(半裸)의 철학자도 있지만, 그 철학자는 "나에게 빵은 없지만 이성은 있다."라고 말한다. 나는 학문으로 생계를 유지하지는 못하지만 이성은 가지고 있다.

31

아무리 보잘것없는 것이라도 당신이 종사하고 있는 직업을 사랑하고 그것에 만족하라. 그리고 심혈을 기울여 신을 섬기는 사람처럼 자기의 모든 것을 바쳐 당신의 여생을 보내라. 그 어느 누구에게나 폭군이나 노예가 되어서는 안 된다.

예를 들어 베스파시아누스(Vespasianus ; 69~79년에 재위한 로마 황제. 전황제 네로의 악정을 시정하여 질서와 번영을 회복하였음) 황제 시대를 생각해 보라. 지금 우리가 보고 있는 모든 일들이 그때에도 있었다. 그때에도 사람들은 결혼하고, 애를 낳아 기르고, 병들고, 죽고, 싸우고, 향연을 베풀고, 장사하고, 농사를 짓고, 아첨하고, 오만하고, 의심하고, 음모를 꾸미고, 남이 죽기를 빌고, 현실에 불만을 품고, 사랑하고, 재물을 탐하고, 집정관의 지위나 왕위를 탐냈다. 그러나 오늘날 그들의 생활은 흔적조차 남아 있지 않다.

그러면 이번엔 트라야누스(Trajanus Marcus Ulpius ; 로마 제국의 제13대 황제) 황제 시대를 살펴보자. 그 당시에도 역시 모든 일이 마찬가지였으며, 그들의 생활도 흔적도 없이 사라져 버렸다. 다른 시대의 생활을 살펴보아도 마찬가지이다. 얼마나 많은 사람들이 크나큰 노력을 기울이다가 순식간에 사라져 원소로 분해되었는가? 무엇보다도 당신 자신이 직접 목격했던 사람들의 삶을 회상해 보라. 그들 중 얼마나 많은 사람들이 헛된 일에 본심을 어지럽히고, 삶의 의무를 게을리하며, 공허한 환락에 잠겨 그들의 본질에 맞는 일을 게을리했는가? 우리가 반듯이 깨달아야 할 점은 무슨 일을 하든지 각각 그 일 본래의 가치와 분수를 파악해야 한다는 사실이다. 이 말의 의미를 충분히 이해했다면 당신은 적합하지도 않고 중요하지도 않은 사소한 일에 쓸데없이 정력을 소모시키지는 않을 것이다.

33

지난날에 즐겨 사용하던 말들 중에 이제는 사라져 버린 것들이 많이 있다. 마찬가지로 예전에는 유명했던 사람들의 이름도 현재는 어떤 의미에서는 낡아 버렸다고 할 수 있다. 예컨대 카밀루스(Camilus ; 기원전 4세기 전반에 로마의 대정치가였으며 장군이었음), 카에소(Caeso ; 초기 로마의 귀족인 카에소 파비우스로 추정됨), 볼레수스, 레오나투스, 그리고 이들보다 약간 지난 세대의 이름들로 스키피오, 카토, 아우구스투스, 그 후의 세대인 하드리아누스, 안토니누스 등이 이제는 고어(古語)가 되었다. 이 모든 것이 순식간에 퇴색되어 한낱 옛 이야기가 되었다가 마침내는 망각 속에 묻히는 것이다. 위에서 언급한 사람들은 당대에 놀라울 만큼 명성을 떨쳤던 인물들이다. 그 밖의 사람들은 숨이 끊어지자마자 잊혀지고 아무도 그들에 대해 이야기하지 않는다.

그렇다면 영원히 기억에 남는 것은 무엇인가? 아무것도 없다. 그렇다면 우리가 진정한 노력을 기울여야 할 일은 무엇인가? 그것은 오직 정의로운 사상, 사회의 공익에 도움을 주는 행동, 정직한 말, 그리고 모든 일은 미리 예정된 것이며 동일한 근원으로부터 흘러나오는 필연적이고 통상적인 것임을 깨닫고 기꺼이 받아들이는 태도뿐이다.

34

운명의 여신 클로토(Clotho)에게 당신 자신을 맡기고, 그녀가 당신의 운명의 피륙을 짜든, 당신 자신을 기꺼이 그녀에게 맡겨라.

35

기억하는 사람이든, 기억되는 사람이든 모두가 찰라적인 것이다.

36

만물은 변화에 의하여 생기는 것임을 언제나 명심하라. 존재하는 사물을 변화시키고 같은 것을 다시 만들어 내는 것이 우주의 본성이다. 당신도 그것을 좋아한다고 생각하는 습관을 갖도록 하라. 현재 존재하고 있는 것들은 또한 앞으로 존재하게 될 것의 씨앗이기 때문이다. 그런데 당신은 씨 앗이란 단지 땅이나 태(胎) 속에 뿌려지는 것이라고만 생각하고 있다.

이 얼마나 엄청난 편견인가! 그것은 다만 쉽사리 눈에 띄는 부분일뿐, 우주의 모든 것들은 다 마찬가지이다.

37

머지 않아 당신은 죽게 될 것이다. 그럼에도 당신의 마음은 거짓에 물들어 있으며, 번뇌로부터 헤어나지도 못했으며, 외부의 사슬로부터 해를 입지 않을까 하는 의심을 버리지 못했으며, 모든 사람에게 친절하지도 않다. 또한 정의를 위해서만 지혜를 사용해야 한다는 사실도 전혀 깨닫지 못하고 있다.

38

사람들의 이성, 그 중에서도 특히 현명한 사람들의 이성을 유심히 관찰하라. 그래서 그들이 무엇을 피하고 무엇을 추구하고 있는지 살펴보라.

39

당신의 불행은 다른 사람의 마음에서 오는 것이 아니다. 그렇다고 당신을 둘러싸고 있는 환경이 변한 데서 오는 것도 아니다.

그렇다면 어디에서 오는 것일까? 그것은 불행이라고 생각하는 당신 자신의 확신으로부터 온다. 그러므로 그러한 확신을 갖지 않도록 하라. 그러면 모든 일이 순조롭게 될 것이다. 설사 가장 가까운 이웃, 즉 보잘것없는 육체가 절단되고 불에 타고 고름이 흐르고 썩더라도 그것을 불행이라고 판단할 수 있는 이성만은 냉정해야 한다. 또한 악한 사람이나 선한 사람이나 가리지 않고 동등하게 일어나는 일은 악도 아니고 선도 아니라는 판단을 내려야 한다. 자연의 뜻에 위배되는 생활을 하는 자에게나 자연의 법칙에 순응하여 생활하는 자에게나 동등하게 일어나는 일들 그 자체는, 자연에 어긋나는 것도 자연에 따르는 것도 아니기 때문이다.

40

우주는 하나의 생명체이며, 하나의 영혼을 갖고 있다는 것을 언제나 잊지 말아야 한다. 그리고 우주의 하나의 감성이 어떻게 만물을 지배하고 만물들이 어떻게 우주의 하나의 움직임에 따라 움직이며, 또 만물이 어떻게 존재하는 모든 것의 인과 관계 속에서 각기 자기 역활을 수행하고 있는지 살펴보라. 그리고 만물이 어떻게 결합되어 있고 뒤얽혀 있는가를 주의 깊게 관찰하라.

에픽테토스(Epiktetos ; 그리스의 철학자)의 말처럼 인간이란 육체라는 옷을 입은 보잘것없는 영혼에 지나지 않는다.

변화하는 것이 사물에 있어서 나쁜 것이없고, 변화의 결과로서 존재하는 사물에 있어서 좋은 것이 없다.

시간이란 여러 가지 사건으로 형성된 격렬한 흐름의 강과 같다. 어떤 사물이든 나타났다고 생각한 순간 금방 흘러가 버리고 곧 다른 것이 나타나 그 자리를 메운다. 그러나 그것 역시 순식간에 흘러가 버리는 것이다.

이 세상에서 일어나는 모든 일은 마치 봄의 장미, 여름의 과일처럼 눈에 익고 잘 알려진 친숙한 것들이다. 즉 병과 죽음, 비방과 음모, 그 밖의 여러 가지 일인데 어리석은 자들은 이러한 것들에 즐거워하고 때로는 괴로워한다.

사물의 뒤에 일어나는 일은 언제나 앞서 일어난 일과 밀접하게 연결되어 있다. 무엇과도 연결되지 않은 채 홀로 일어나는 것은 절대로 있을 수 없다. 그것은 단순히 사물을 연결한 것이 아니라 필연적인 순서에 따라 합리적으로 연관되어 있기 때문이다. 그러므로 현재 존재하는 모든 것들이 서로 조화를 이루며 결합되어 있는 것처럼, 앞으로 존재하게 될 것들도 단순한 연속이 아닌 현재와 밀접한 관계를 지니게 될 것이다.

46

늘 헤라클레이토스(Herakleitos)가 말한 "흙이 죽으면 물이 되고 물이 죽으면 공기가 되며, 공기가 죽어서 불이 생겨난다. 그리고 또한 그 역도 가능하다."라는 말을 기억하라.

그리고 사람들은 자기가 어디를 향해서 가는지도 모르면서 길을 가며, 이성에 관하여 자주 토론하면서도 그것이 우주를 지배한다는 사실도 모른 채, 날마다 마주치는 것들도 그들에게는 마치 낯선 것으로 보인다고 한 헤라클레이토스의 말도 기억하라. 그는 또 잠에 취한 사람처럼 말하거나 행동해서는 안 된다고 말했다. 그리고 부모의 가르침을 받은 어린아이처럼 배운 그대로 단순하게 행동해서는 안 된다고 덧붙였다.

47

만약 어떤 신이, 당신은 내일 아니면 모레 죽을 것이라고 말한다면 아주 어리석은 인간이 아닌 이상 당신은 내일 죽든 모레 죽든 별로 차이가 없다고 생각할 것이다. 이와 마찬가지로 내일 죽거나, 아니면 몇 년 후에 죽거나 그다지 신경 쓸 필요가 없다는 것이다.

48

당신은 얼마나 많은 의사들이 병들어 신음하는 환자 때문에 고심하다가 죽어갔는가를 항상 생각하라. 오만하게 남의 운명을 예언해 주던 수많은 점성가들, 죽음과 불멸에 대하여 끝없이 논쟁을 벌이던 수많은 철학자들, 무수한 사람의 목숨을 빼앗아간 장군들, 마치 영생이라도 누릴 듯 행세하며 멋대로 횡포를 부리던 수많은 폭군들, 이 모든 사람들이 한줌의 재가 되어 사라졌다는 것을 생각해 보라. 또 얼마나 많은 도시가 페허로 변했는가. 즉 헬리케, 폼페이, 헤르클라네움, 그 밖의 무수한 도시를 생각하라. 당신이 알고 있는 사람들이 연이어 죽어가는 것을 생각해 보라. 어떤 사람은 다른 사람을 묻어 주고 죽었다. 그도 역시 남의 손에 의해 묻히고, 그는 또 다른 사람에 의해 묻힌다. 이 모든 것은 아주 짧은 시간에 이루어진 일이다. 결국 인간사란 얼마나 덧없고 무상한 것인가. 어제의 작은 점액이었던 것이 내일은 미라나 한줌의 재가 되어 사라져 버린다. 그러므로 비록 얼마 안 되는 시간이나마 자연에 순응하여 살다가 평안히 당신의 여생을 마쳐야 한다. 마치 잘 여문 올리브 열매가 자기를 낳아 준 자연을 칭송하고 키워 준 나무에 감사하면서 떨어지듯이.

49

파도가 끊임없이 밀려와 부서져도 끄떡없이 버티고 서서 노한 물결을 달래는 바위처럼 살라. 하필이면 내가 이런 변을 당하다니, 이 얼마나 불행한가! 아니, 그 반대이다. 오히려 그런 일을 당하더라도 슬퍼하지 않고 현재에 압도당하거나 미래를 두려워하지 않기 때문에 당신은 행복한 것이다. 당신에게 일어난 일은 누구에게나 일어날 가능성이 있는 일이다. 그러나 모든 사람이 일을 당했을 때 똑같은 반응을 보이지는 않는다. 어떤 사람에게는 불행으로 생각되는 일이 다른 사람에게는 행운으로 느껴질 수도 있다. 어떠한 일이 인간의 본성에서 벗어나지 않을 경우 당신은 그 일을 불행이라고 말할 수 있겠는가? 자연의 본성에 위배되지 않으면서 인간의 본성에는 어긋나는 일이 있을 수 있다고 생각하는가? 물론 당신은 자연의 본성이 무엇인지를 잘 알고 있을 것이다. 그렇다면 이미 일어난 일이 당신이 올바르게 행동하지 못하도록 방해하는가? 또한 그것이 정의, 관대함, 절도, 신중함, 솔직함, 겸손함, 독립심 등 본연의 인간성을 유지하는 데 필요한 것들을 막고 있는가? 앞으로 어떤 문제에 부닥쳐 불행하다는 생각이 당신의 마음을 괴롭힌다면 다음과 같은 법칙을 적용하라.

"이것은 불행이 아니다. 오히려 꿋꿋이 참고 견디어 내는 것이 바로 행복이다."라고.

50

지나치게 삶에 집착하는 사람들을 보면 오히려 죽는 것이 더 낫다는 생각이 들 것이다. 남보다 조금 더 오래 산다고 해서 무엇을 더 얻을 수 있겠는가? 결국은 그들도 다른 사람들처럼 어딘가에 매장될 뿐이다. 카디키아누스, 파비우스, 율리아누스, 레피두스, 그 밖에 이와 비슷한 사람들도 여러 사람의 장례식에 참석한 후 자신들도 결국은 땅 속에 묻히고 말았다. 참으로 삶과 죽음 사이는 가깝다. 그런데 인간은 사는 동안 얼마나 많은 고통을 겪고 어떤 사람들과 교제하며 얼마나 허약한 육신으로 고통스럽게 살아가고 있는가?

지나간 시간은 얼마나 길며 또한 앞으로 다가오는 시간은 얼마나 긴가를 생각하라. 그에 비해 당신의 삶은 얼마나 짧은가. 이렇게 생각할 때 사흘밖에 살지 못한 갓난아이와 남보다 3배를 더 살았다는 게레니오스 사이에 무슨 차이가 있단 말인가!

51

언제나 지름길을 택해서 달려라. 지름길이야말로 자연에 따르는 길이다. 지름길은 당신을 건전한 이성에 따라 말하고 행동하게 인도하는 길이다. 또한 그 길을 택한다면 당신은 괴로움과 투쟁, 모든 농간과 헛된 허세로부터 해방될 것이다.

제5권

1

아침에 잠자리에서 일어나기 싫을 때에는 '오늘도 보람 있는 일을 하기 위해 일어나야 한다.'라고 생각하라. 보람된 일을 하기 위해 당신이 이 세상에 태어났다면 불평할 이유가 없지 않는가! 그렇지 않다면 당신은 따뜻한 이불 속에 편안히 누워 있기 위해 태어났단 말인가? 물론 이불 속에 누워 있는 것이 훨씬 편안할 것이다. 그렇다면 당신은 쾌락만을 추구하기 위해 존재하고 그 밖에는 아무 일도, 아무런 노력도 하지 않아도 된다는 말인가? 작은 식물이나 새, 개미, 거미, 꿀벌 등도 우주의 질서를 유지하기 위해 맡은 바 임무를 수행하며 바쁘게 움직인다.

그런데 당신은 인간으로서 당연히 해야 할 일을, 그리고 당신의 본성이 요구하는 일을 왜 등한시하고 있는가? 물론 인간에게는 휴식이 필요하다. 그러나 자연은 휴식에도 일정한 한계를 정해 놓았다. 마치 과음이나 과식이 우리몸에 해

로운 것처럼 휴식에도 한계가 있는 것이다. 그럼에도 당신
은 때때로 지나치게 많은 음식을 먹는 것처럼 휴식의 한계
를 벗어나 그 이상의 것을 취하려고 노력한다. 그러나 먹고
마시는 경우와는 달리 행동에 있어서는 당신이 할 수 있는
일을 최소한으로 줄이려고 한다. 결국 자기 자신을 진실로
사랑하지 않기 때문에 이러한 행동을 하는 것이다. 만약 당
신이 자신을 사랑한다면 당신은 반드시 자기의 본성과 그
의지를 존중했을 것이다.

그러나 자기 자신과 기예(技藝)를 사랑하는 사람들은 목욕
이나 식사도 잊고 지칠 때까지 일하고 있다. 그럼에도 불구
하고 당신은 조각가가 조각에, 무용가가 춤에, 수전노가 돈
에, 허영심 많은 사람이 자기의 하찮은 명성에 정열을 쏟는
것만큼 당신의 본성에 관심을 기울이지 못하고 있다. 위에
서 말한 사람들은 자기가 선택한 일을 완벽한 궤도에 올려
놓기 위해 침식마저 잊고 그것에 열중한다. 그렇다면 당신
은 사회의 공익을 위해 봉사하는 것이 가치 없고 수치스럽
다고 생각하는가? 노력할 만한 가치조차 없다고 생각하는
가?

2

번거롭고 정당치 못한 생각을 망각 속으로 몰아내고 곧
평온함으로 돌아갈 수 있다는 사실은 우리에게 얼마나 커다
란 위안을 주는가!

3

자연의 법칙에 따르는 모든 말과 행동은 그것이 어떤 것

이든 당신에게 적합다고 생각하라. 만약 당신의 말과 행동이 타당하다고 생각한다면 다른 사람의 비난이나 그보다 더한 것에도 동요될 필요가 없다. 절대로 당신의 생각을 굽혀서는 안 된다. 당신을 비난하는 사람들 역시 그들 나름대로의 생각과 판단에 따라 행동하고 있는 것이다. 그러므로 남이 뭐라고 말하든 그들의 견해에 마음이 흔들릴 필요는 없다. 이 점을 항상 염두에 두고 자기 자신의 본성과 대자연의 보편적인 본성에 따라 똑바로 나아가라. 이 두 갈래의 길은 곧 하나가 될 것이다.

4

나는 아름답고 따뜻한 자연의 품 속에서 살다가 마침내 쓰러져 휴식하게 될 것이다. 매일 숨쉬던 공기 속에 마지막 숨결을 토해낸 다음, 아버지에게서 종자를, 어머니에게서 피를, 유모에게서 젖을 공급받게 해 주고 지금까지 나를 고이 길러 준 이 대지 위에 쓰러지는 것이다. 대지는 오랫동안 나에게 음식을 제공해 주었으며 더욱이 내가 그를 짓밟고 여러 목적을 위하여 남용했음에도 불구하고 말없이 내 육신을 거두어들이는 것이다. 나는 대지 위에 쓰러질 때까지 자연이 이끄는 대로 많은 일들을 체험할 것이다.

5

당신에게는 남들이 감탄할 만한 재능이 없을지도 모른다. 그러나 그것을 한탄할 필요는 없다. 당신에게는 그 만큼 많은 장점이있기 때문이다. 당신의 내부에 잠재된 성실, 근엄, 인내심, 쾌락을 멀리하는 마음, 자유, 자비심, 고매한 정신

등이 바로 그것이다. 당신은 지금이라도 이와 같이 많은 장점을 발휘할 수 있다는 사실을 알고 있는가? 당신은 본래 그러한 미덕을 타고나지 않았다고 부정할 수 없다. 그럼에도 불구하고 당신은 자진해서 수준 이하에 머물려고 한다. 그러한 성품이 선천적으로 부족하다고 불평하고, 남에게 아첨하고, 인색하고, 자기의 단점만 찾아내고, 부질없는 명성에 허세를 부리며 불안에 떨고 있다.

그러한 삶은 결코 인간다운 삶이 아니다. 벌써 오래 전에 당신은 그러한 생활에서 해방됐어야만 했다. 이성의 인도에 따라 살아가겠다고 결심한다면 그러한 생활은 언제라도 간단하게 청산할 수 있다. 이러한 사실을 알면서도 나태하고 안이한 생활을 계속해 나가는 것보다 더 나쁜 것은 없다.

$$\boxed{6}$$

어떤 사람은 남에게 친절을 베풀었을 때, 곧 거기에 대한 보답을 원한다. 또 어떤 사람은 이와 같이 자신의 선행을 강조하지는 않지만 그래도 속으로는 상대방을 채무자로 간주하고 자기가 베푼 친절은 절대로 잊지 않는다. 반면에 남에게 친절을 베풀고도 전혀 신경을 쓰지 않는 사람도 있다. 그는 마치 포도나무에 잘 익은 포도가 달리는 것이 당연한 것처럼 자신의 행동에 아무 대가도 요구하지 않는다. 경주를 마친 말처럼, 개가 사냥할 때처럼, 꿀을 만드는 벌처럼, 당신도 선행을 베푼 후 그것을 남들에게 인정해 달라고 외치지 말라. 즉 포도나무가 열매를 맺은 후 다음해의 결실을 위해 말없이 준비하는 것처럼 행동해야 한다.

그렇다면 어떤 의미에서는 자신이 무슨 일을 하는지도 모

르고 선행을 베풀어야 하는가? 바로 그렇다. 그러나 이에 대해,

"자기의 행동이 사회적 활동임을 자각하고 남이 베푼 친절을 잊지 않는 것이 사회적 동물의 특성이다. 그러므로 자기가 무슨 일을 하는지 알고 있어야 한다."

라고 반론을 제기하는 사람도 있을 것이다. 물론 이 말은 옳은 말이다. 하지만 위의 반론을 제기한 사람은 내 말의 참뜻을 왜곡하고 있다. 이것은 분명히 본성에 어긋나는 것이다. 당신이 내 말의 참뜻을 이해한다면 선행의 대가를 바라지 않는다고 해서 사회적 활동과 의무를 저버리는 것은 아닐까 하는 염려는 하지 않아도 된다.

7

아테네 사람들의 기도—자비로운 제우스 신이여, 비를 내려 주소서. 들판에 비를 내려 주소서.

만일 기도를 한다면 모든 것을 간구하지 말고 이처럼 단순하고 순박한 마음으로 해야만 한다.

8

지금까지 전해지는 말에 의하면, 의술의 신이라고 불리던 애스쿨라피우스(Aesculapius ; 그리스 신화의 의술의신. 아폴로의 아들로 기사회생의 술에 능통 하였음)는 어떤 사람에게는 승마를, 어떤 사람에게는 냉수마찰을, 또 어떤 사람에게는 맨발로 다니라는 처방을 내렸다고 한다. 이와 마찬가지로 우주의 본성은 어떤 사람에게는 질병을, 어떤 사람에게는 불구를, 어떤 사람에게는 실패라는 처방을 내렸다. 전자의 경

우에는 환자의 건강을 위해 각자에게 알맞은 방법을 처방한 것이다. 후자의 경우도 이와 마찬가지라고 할 수 있다. 즉 우리에게 일어나는 일은 보다 인간다운 생활을 영위하도록 자연이 주는 적당한 시련인 것이다. 실제로 우리에게 닥친 여러 형태의 불행은, 마치 석공이 전체적인 조화를 위해 쓸모없어 보이는 모난 돌을 유용하게 활용하듯이 전체적인 삶의 조화를 위한 것이라고 할 수 있다.

우주에는 조화만이 존재할 따름이다. 이 세상이 수많은 물체가 모여 형성된 것처럼 무수한 원인이 하나의 운명을 형성한다. 제아무리 어리석은 사람이라도 운명이라는 뜻은 이해하고 있다. 그들은 스스로의 불행을 운명이라고 말하며, 그것은 바로 자기를 위한 처방이라고 말한다.

우리가 의사의 처방을 거부없이 받아들이는 것처럼 자연의 처방도 자연스럽게 받아들여야 한다. 때로는 의사의 처방이 못마땅하게 생각될 때도 있겠지만 건강을 지키기 위해서는 순순히 따라야 하는 것이다.

자연이 우리에게 준 시련은 바로 자연법칙의 수행인 동시에 완성이라고 할 수 있다. 우리가 고통스럽게 느낄지라도 그것이 우주의 평안을 위한 것이며 또한 신의 번영과 행복으로 인도하는 것이기 때문에 기꺼이 받아들여야 한다. 자연은 전체를 위해 필요한 것을 제외하고는 결코 우리에게 고통을 주지 않는다. 그러므로 다음과 같은 두 가지만으로도 당신은 자신에게 일어나는 일을 사랑으로써 기꺼이 받아들여야 한다.

첫째, 그 일이 당신에게 일어난 것은 바로 당신을 위한 처방이기 때문이며, 태초에 그렇게 되도록 운명지어져 있었기 때문이다.

둘째, 각자에게 개별적으로 일어나는 일도 전체적으로 생각할 때는 우주를 지배하는 법칙에 따른 것이며 우주의 존속을 위해 공헌하는 원인이 되기 때문이다. 그러므로 만약 당신이 어느 한 부분 또는 우주 전체를 구성하는 어떤 사물의 연관성과 지속성을 끊어 버린다면 전체의 완벽한 조화는 깨지는 것이다. 즉 당신의 운명에 불만을 품는다면 그것이 바로 그 완전한 조화를 파괴하는 행위이며, 전체와의 연결을 끊어 버리는 결과가 되는 것이다.

9

신념을 갖고 올바로 행동하는데도 성공하지 못한다고 해서 싫증을 내거나 절망해서는 안 된다. 실패하면 처음으로 돌아가서 다시 시작하라. 자신의 행동에 떳떳한 명분을 내세울 수 있다면 그것에 만족하고 당신이 새로 시작하려는 일을 사랑하도록 하라. 만일 철학에서 해결책을 찾으려고 할지라도 너무 그것에만 의존하지 말고, 눈병이 난 사람이 해면이나 달걀을 사용하듯이 또는 다른 환자가 고약이나 찜질을 이용하듯이 실질적으로 행동하도록 하자. 그렇게 하면 당신은 이성에 복종하게 되고 그 안에서 안정을 얻을 수 있을 것이다. 그리고 철학은 당신이 원하는 것만 요구한다는 사실을 명심하라.

그러나 당신은 그 본성에 맞지 않는 다른 일을 하고 싶어 한다. "지금 내가 하고 있는 일보다 더 즐거운 것이 도대체 무엇인가?"라고 반문할지도 모르겠지만 그러한 생각이야말로 쾌락이 우리를 유혹하기 위하여 즐겨 사용하는 수법에 지나지 않는다. 과연 인간에게 쾌락이 가장 좋은 것일까? 관용, 자유, 성실, 친절, 경건 등의 기쁨이 쾌락에 미치지 못한단 말인가? 그것들은 전적으로 영혼의 작용인 이해와 인식의 능력, 즉 지혜에 의존한다.

그 점을 생각할 때 지혜 그 자체보다 더 유쾌한 것이 무엇이겠는가?

8

사물은 암흑같은 신비에 싸여 있기 때문에 많은 훌륭한 철학자들도 이에 대해 확실히 파악하는 것은 불가능하다고 생각했다. 심지어 스토아 학파의 철학자들까지도 그것을 잘 이해할 수 없다고 솔직하게 인정한 바 있다. 게다가 우리의 지식은 빈번히 오류를 범하고 있다. 이 세상 어디에 실수가 없는 완전한 사람이 있겠는가? 그러므로 이번에는 이처럼 막연한 진리보다는 좀더 구체적인 대상에 대해 생각해 보자. 그것은 얼마나 덧없고 무가치한 것들인가? 즉 방탕한 자, 매춘부, 범죄자들도 그 대상을 소유할 수 있다. 이제 당신 주위에 있는 사람들의 품행을 살펴보자. 당신은 그중에서 가장 유쾌한 사람들조차 참고 견디기가 힘들다는 사실을 알게 될 것이다.

이러한 암흑과 추악, 존재와 시간의 무한한 흐름, 운동과 운동체의 끊임없는 유전(流轉) 속에서 과연 뛰어나다고 평가할 만한 존재나 진지하게 추구할 대상이 있다고 생각하는가? 나는 그러한 생각조차 할 수 없다. 그러나 반대로 자기 자신을 위로하고 조용히 자연의 법칙인 죽음을 기다리며, 그 시간이 지연된다고 해서 초조해 하지 않고, 다음의 두 가지 원리를 항상 명심함으로써 마음의 평온을 유지하는 것이야말로 인간의 의무라고 생각한다. 즉 첫째, 우주의 본성에 어긋나는 일은 절대로 나에게 일어나지 않으며 둘째, 나는 신성에 어긋나는 일을 하지 않을 수 있는 능력을 지니고 있다는 사실이다. 왜냐하면 그 누구도 나에게 신성에 어긋나는 일을 강요할 수 없기 때문이다.

11

나의 영혼은 지금 무엇을 하고 있는가? 어떤 상황에서도 자기 자신에게 이렇게 물어 볼 수 있는 습관을 길러야 한다. 또 지금 이 순간 누구의 영혼이 내 마음속에 자리잡고 있는가. 어린아이의 영혼인가, 젊은이의 영혼인가? 아니면 연약한 여자의 영혼인가, 폭군의 영혼인가? 그렇지 않으면 가축의 영혼인가, 야수의 영혼인가? 항상 이 점을 염두에 두어야만 한다.

12

많은 사람들이 자기의 재산에 대해 어떻게 생각하고 있는지, 여기에서도 우리는 교훈을 얻을 수 있다. 만약 어떤 사람이 재산을 신중, 절제, 정의, 용기 등과 같은 선한 것이라고 생각한다면 그는 "대대로 전해 내려오는 많은 재산은 오히려 좋지 않다."라는 희극 작가의 말에 동의할 수 없을 것이다. 반대로 어떤 사람이 재산을 단순히 세속적인 물질이라고 생각한다면, 위의 인용구를 대단히 쉽게 이해할 수 있을 것이다. 이처럼 재산이라는 개념은 받아들이는 사람에 따라 큰 차이가 있다.

우리가 재산을 부나 사치, 명성과 관련된 물질적인 것으로 받아들인다면 위에서 인용한 희극 작가의 말은 훌륭한 교훈이 된다. 따라서 우리는 재산의 의미를 신중, 절제, 정의, 용기 등과 같은 미덕으로 받아들여야 한다. 그리고 이 경우에는 "지나치게 많은 재산을 가진 사람은 그로 인해 자기 자신을 편안하게 할 여유가 없다."라는 말은 신경을 쓰지 않아도 된다.

13

나는 형상적인 요소와 실질적인 요소로 구성되어 있다. 그런데 이러한 구성 요소가 무에서 생겨난 것이 아닌 것처럼 결코 소멸되어 비존재로 되돌아가지는 않는다. 그러므로 나를 구성하고 있는 모든 부분은 변화에 의하여 우주의 다른 부분으로 재구성되고 다시 우주의 또 다른 부분으로 변할 것이다. 또 이러한 과정은 영원히 계속된다. 실제로 이러한 변화의 결과로 나는 존재하며, 나를 낳은 부모, 또 그 부모들의 조상들 역시 마찬가지이다. 즉 우주가 비록 일정한 주기로 순환되더라도 결코 이러한 변화 때문에 소멸되지는 않는다.

14

이성과 이성의 행동은 매사를 완벽히 처리해 낼 수 있는 충분한 능력을 갖고 있다. 이성은 자신이 설정한 목표를 향해 똑바로 나아간다. 그래서 바로 이러한 행위를 '올바른 행동(catorthoseis)'이라고 하는 것이다. 다시 말해서 이성에 따르는 행동이 가장 올바른 길을 걸어갈 수 있는 추진력이 되는 것이다.

15

단순한 개인이 아니라 인간으로서의 개인에게 어울리지 않는 사물을 그 사람의 것이라고 불러서는 안 된다. 그것은 인간의 본성이 요구한 바도 아니며, 인간의 본성을 완성시키는 데 전혀 도움이 되지 않는다. 그러므로 그러한 일에는 특별히 주의를 기울일 필요가 없다. 인간에게 어울리지 않는 사물은 인생의 목적이 될 수 없으며, 그 목적을 달성시키는 선(善)도 아니기 때문이다.

그러나 만일 인간이 자신에게 어울리지 않는 것을 가지고 태어났다 하더라도, 또한 그것이 선이 아니라고 해도 경멸할 필요는 없다. 또 그것을 제거할 능력이 충분히 있다고 해도 굳이 그것을 제거하려고 노력할 필요는 없다. 그러나 이러한 것들, 혹은 이와 비슷한 다른 것들을 제거해 버릴수록, 또는 그것을 완전히 무시하고 행동하면 할수록 그만큼 그는 훌륭한 사람이 될 것이다.

16

당신이 항상 품고 있는 사상은 바로 당신 영혼의 특성이라고 할 수 있다. 왜냐하면 영혼은 사상에 의해 물들기 때문이다. 그렇다면 다음과 같은 생각으로 당신의 영혼을 채색하도록 하라. 예를 들어 인간이 살아갈 수 있는 조건을 갖춘 곳이라면 어디든지 바르게 살 수 있다. 그러므로 호화로운 궁전에서 살지라도 충분히 절약하며 검소하게 살 수 있다.

또한 모든 사물은 그 나름대로의 목적이 있기 때문에 형성된 것이다. 사물이 지향하는 곳에 목적이 있고, 목적이 있는 곳에 각 사물의 이익과 신이 존재한다고 생각하라.

이성적 동물인 인간에게 있어서 선은 사회를 위해 이웃과 서로 돕는 일이다. 인간이 사회생활을 하기 위해 태어났다는 것은 이미 앞에서 말한 바 있다. 약자는 강자를 위해 존재하고 강자는 더 강한 자를 위해 존재한다는 것은 명백한 사실이다. 생명체는 생명이 없는 것보다 우월하며 모든 생명체 중에서 가장 강한 것은, 이성을 가진 인간이다. 그러므로 인간은 같은 인간을 위해 존재한다. 이것이 바로 이웃간의 협력이며, 인간이 존재하는 최대의 목적이다.

17

불가능한 일을 추구하는 것은 미친 짓이다. 그럼에도 어리석은 사람들은 그 일을 중단하지 않는다.

18

인간에게는 본성이 감당할 수 없는 일은 그 어떤 일도 결코 일어나지 않는다. 만일 어떤 일이 당신과 다른 사람에게 똑같이 일어났다고 가정해 보자. 다른 사람은 자기에게 어떤 일이 일어났는지 모르거나 아니면 자신을 과시하기 위해 태연하고 더욱 분발했기 때문인지 아무런 해도 입지 않는다. 반면에 당신은 당황해서 갈피를 잡지 못한다.

이러한 당신의 행동이야말로 무지와 허영이 지혜보다 강하다는 것을 입증해 주는 것이다.

19

사물 자체는 우리의 영혼과 접촉할 수 없으며, 그 방향을 바꾸거나 움직이게 할 능력도 없다. 영혼은 오직 스스로의 힘에 의해서만 움직일 따름이다. 영혼은 나름대로의 판단기준을 세워 놓고 그것에 따라 일어나는 모든 일을 처리하는 것이다.

20

남에게 친절을 베풀고 또 그들과 참고 견뎌야 한다는 점에서 인간은 나와 가장 가까운 존재이다. 그러나 어떤 사람이 나의 본성을 방해한다면 그는 태양이나 바람, 야수와 마찬가지로 나와는 별다른 관계이 없는 존재가 되어 버린다. 그는 나의 활동을 어느 정도 방해할 수는 있겠지만 나의 의지와 뜻을 속박할 수는 없다. 왜냐하면 나는 환경에 적응할 수 있을 뿐만 아니라, 나의 행동을 가로막는 모든 장애물을 유익하게 이용할 수 있기 때문이다. 그러므로 나의 앞에 놓인 장애물은 오히려 촉진제가 되어 내가 앞으로 전진하는 데 도움을 주는 것이다.

21

우주에서 가장 뛰어난 것을 존중하라. 그것은 모든 사물을 이용하고 지배하는 것이다. 마찬가지로 당신이 지닌 재능 중에서 가장 뛰어난 것을 존중하라. 그것은 우주에서 가장 뛰어난 것처럼 당신을 지배하고 인도하기 때문이다.

22

국가에 해를 끼치지 않는 것은 국민에게도 해를 끼치지 않는다. 어떤 것에 피해의식을 느낄 때마다 이것이 국가를 해치는 것이 아니라면 나 역시 해를 입지 않는다는 원리를 생각하라.

그러나 만약 국가가 해를 입었다 하더라도 결코 그 해를 끼친 사람에게 화를 내지 말고, 어떤 생각이 그에게 그런 오류를 범하도록 인도했는가를 먼저 생각하라.

23

현재 존재하고 있는 것과 새로이 생겨나는 것들이 얼마나 빠른 속도로 우리 곁을 지나쳐 사라지는지를 한 번 생각해 보라. 물질은 쉬지 않고 흘러가는 강물처럼 항상 변화하고 있으며, 많은 원인이 여러 가지 변화를 일으키므로 그것이 우리 곁에 머무는 시간은 그야말로 순간이다.

정지해 있는 것은 아무 것도 없다. 우리 주변에는 과거와 무한한 심연이 입을 벌리고 있으며, 모든 것은 그 속으로 사라져 버린다. 이런 것들을 생각할 때 자신을 괴롭히는 시간이 영원히 지속될 것처럼 초조해 하고 불평한다면 이 얼마나 어리석은 행동인가. 사물이 당신을 괴롭히는 시간은 극히 순간적인 것에 지나지 않는다.

24

대자연을 상기해 보라. 그중에서 당신은 극히 작은 일부분을 차지하고 있을 뿐이다. 또 보편적인 시간을 생각해 보라. 당신에게 주어진 시간은 불가분의 순간에 지나지 않는다. 그리고 운명에 의해 정해진 것들을 생각해 보라. 당신은 그 전체 중에서 미미한 조각같은 존재라는 점을 생각하라.

25

만약 어떤 사람이 당신에게 피해를 주었다면 그것은 당신이 아니라 그 사람이 생각할 문제이다. 그 사람은 자기 나름대로의 취향을 갖고 있기 때문에 그의 행동은 그 자신의 것이다. 당신이 생각해야 할 것은 자연이 나에게 준 것을 받아들이고 있는가, 또 나는 본성이 원하는 대로 행동하고 있는가일 뿐이다.

26

당신을 지배하고 인도하는 영혼은, 그것이 고통이든 쾌락이든 육체의 감정에 의해 좌우되어서는 안 된다. 영혼은 한계를 정해서 자신의 고유한 영역 안에 있어야 하며, 감정 또한 자신의 영역을 지켜야 한다. 그러나 영혼을 혼란시키지 않고 자연스럽게 생긴 감정이라면 굳이 배척하려고 하지 않아도 된다. 단지 당신의 영혼이 그러한 감정 자체을 선 또는 악이라고 평가하지는 못하게 하라.

27

신과 더불어 살라. 신과 함께 산다는 것은 늘 자신의 운명에 만족하고, 제우스 신께서 인간의 보호자요 지도자로서 선물해 주신 각자의 신성이 요구하는 대로 살고 있다는 것을 항상 신에게 보여 주는 것이며, 자기의 영혼이 내부의 신성의 명령을 성실히 수행하고 있음을 신들에게 보여 주는 것이다.

당신을 지배하고 내부의 신성이란 바로 자신의 예지와 이성이다.

28

당신은 겨드랑이나 또는 입에서 냄새가 나는 사람에게 화를 내는가? 그들에게 화를 낸다고 해서 당신에게 돌아오는 이익은 무엇인가? 냄새를 풍기는 사람도 이성을 갖고 있으며, 자기 몸에서 나는 악취로 인해 다른 사람의 기분이 상한다는 사실을 알고 있다. 그렇다면 그 이상 무엇을 바라겠는가? 만약 당신이 이성으로써 상대방의 결점을 고칠 수 있다면 조금도 망설이지 말고 그의 잘못을 지적하고 일깨워 주어라. 다행스럽게도 그가 당신의 호의를 받아들여 자신의 결점을 고친다면 그것으로 만족하라. 그러나 아무리 노력해도 고칠 수 없는 결점에 대해서는 화를 낼 필요조차 없는 것이다.

29

당신은 자신의 의지대로 생활을 영위할 수 있다. 그러나 만약 다른 사람들이 당신의 그런 생활을 허용하지 않는다면 그 즉시 이 세상을 떠나라. 집에 불이 나면 곧바로 밖으로뛰쳐 나와야 한다. 어떻게 밖으로 피하는 행동을 귀찮다고 생각할 수 있겠는가. 마찬가지로 이 세상을 떠나는 것은 그다지 대단한 일이 아니다.

그러나 나에게 떠나라고 강요하는 것이 없는 한 나는 이 세상에 남아 자유롭게 살아갈 수 있는 것이다. 어느 누구도 내가 선택하고 바라는 것을 방해하지는 못한다. 또 내가 선택한 일은 이성적이고 사회적인 본성에 적합한 것이다.

30

우주의 본성은 사회적인 것이다. 그래서 우주는 강자를 위해 약자를 만들었고 강자끼리는 서로 협조하도록 만들었다. 우주는 강자에게 질서 정연한 상하 관계와 협조 관계를 세워 놓았으며, 공평한 역할을 맡겨 놓았으며, 서로 조화를 이루도록 만물을 창조한 것이다. 어떤 것들이 어떻게 종속되고 있으며, 또 어떤 것들이 어떻게 연결되어 있는지 살펴보라.

31

당신은 지금까지 신에 대해 어떻게 생각해 왔는가? 또 부모나 형제, 자녀, 스승, 친구, 노예들을 어떻게 대해 왔는가? 혹시 심한 말이나 부당한 행동으로 남에게 피해를 준 적은 없는지 반성해 보라. 이제 당신의 생애가 모두 끝났다고 생각하고 부끄러운 일은 없었는지 지난날을 상기해 보라.

당신은 얼마 만큼의 기쁨을 맛보았는가, 또 얼마 만큼 쾌락과 고통을 경멸했는가? 남들이 영광으로 생각하는 것들을 얼마 만큼 무시했으며, 마음이 비뚤어진 사람을 얼마나 친절하게 대했는가를 생각해 보라.

32

어떻게 재주도 없고 지식도 없는 영혼이 재주 있고 지혜로운 사람을 괴롭히겠는가? 어떤 영혼이 재주와 지혜를 가

지고 있는가? 그것은 시작과 종말을 알고 있는 영혼, 그리고
모든 실체에 침투하고 일정한 주기에 따라 영원히 우주를
다스리는 이성을 가진 영혼이다.

33

　머지않아 당신은 한순간에 한줌의 재로 변하고 단지 이름
만 남게 될 것이다. 그리고 오래지 않아 그 이름조차도 잊혀
지게 될 것이다. 이름은 다만 소리일 뿐이며 메아리에 불과
하다. 당신이 살아 있는 동안 소중하게 여기는 것들도 결국
은 썩어 버리고 말 것이다. 인생은 서로 물어뜯으며 장난치
는 강아지나 웃다가도 금세 울어 버리는 어린아이와 같은
것이다. 또 성실, 정직, 친절, 진리는 '광활한 대지를 버리고
올림포스 산으로' 쫓겨갔다.

　그렇다면 대체 무엇이 당신으로 하여금 아직까지도 이 지
상에서 머뭇거리게 하는가? 감각의 대상은 조그만 자극에도
동요되어 변하기 쉬우며, 감각기관은 애매한 것이라서 쉽게
착각을 일으킨다. 당신의 영혼조차 혈액에서 생긴 증기에
불과한 것이다. 이와 같은 세상에서 명성이 진정한 가치를
지니고 있다고 생각하는가? 그것이 소멸이든 다른 세계로의
이주이든 조용히 당신의 종말을 기다리라. 그리고 그때가
올 때까지 오직 유익한 것, 좋은 것만을 생각하라. 신을 공
경하고 찬양하며, 인간에게 선행을 베풀고 어떤 고통도 참
고 인내하는 생활을 실행해야 한다. 연약한 육체와 호흡의
한계를 벗어난 것은 이미 당신의 것이 아니며, 당신의 능력
을 초월한 것임을 명심해야 할 것이다.

34

　항상 바른길을 가고, 바르게 생각하고, 바르게 행동한다면 당신은 마치 고요하게 흘러가는 물처럼 조용하고 행복하게 일생을 마칠 수 있을 것이다.

　신과 인간의 영혼, 그리고 모든 이성적 존재의 영혼에는 두 가지 공통점이 있다. 즉 어떤 것에도 방해받지 않고 정의를 실천하는 데 전력을 기울인다는 것과 올바른 태도와 행동에 깃들여 있는 선으로써 다른 모든 욕망을 억제할 수 있는 능력이 바로 그것이다.

35

　만약 그것이 내가 저지른 잘못이나 그 잘못의 결과가 아니라면, 그리고 사회의 이익을 해치는 것이 아니라면, 왜 그 일 때문에 괴로워하는가? 그리고 사회의 이익을 해치는 것은 무엇인가?

36

　사물의 외모에 함부로 이끌리지 말라. 다른 사람이 당신의 도움을 필요로 하면 능력껏 도와 주어라. 만약 그들의 타락이 도덕과 무관한 것이라면 크게 문제삼지 말라. 그것은 좋지 않은 습관이기 때문이다. 마치 한 노인이 아이들의 곁을 떠날 때 그 중의 최고 연장자에게 그가 최고 연장자임을 잊지 말라고 타이르는 것처럼 이 경우에도 그렇게 행동하라.

　연단에 서서 열변을 토할 때, 당신은 그 연설의 궁극적인 목적을 망각하고 있는가? 아니다. 알고 있지만 청중이 원하는 것과 내 생각이 다르기 때문에 말하지 못하는 것이다. 이 때 청중들을 어리석다고 말한다고 해서 당신의 어리석은 행동이 정당화될 수 있는가?

　나는 한때 운이 좋은 사람이었지만, 지금은 그렇다고 볼 수 없다. 행운의 여신은 매우 공평해서 스스로 선물받을 자격이 있는 사람에게만 선물한다. 그리고 그 선물이란 바로 선한 성향, 선한 감정, 선한 행동인 것이다.

제6권

1

우주의 실체는 온순하고 유연하며, 그것을 지배하고 있는 이성은 악을 저지를 요인을 전혀 내포하고 있지 않다. 우주의 이성은 모든 것에 호의적이며 어떤 것에도 해를 끼치지 않는다. 그러므로 우주의 이성에 따라 만물이 생성되고 완성된다.

2

만약 당신이 자신의 의무를 충분히 이해하고 있다면 춥든 덥든, 피로하든 휴식을 취한 후의 상쾌한 기분이든, 비난을 받든 칭찬을 받든, 죽음이 다가와 있든 다른 일을 하고 있든 개의치 말라. 이 모든 것은 인생의 과정이며 죽음조차도 삶의 한 과정이기 때문이다. 당신이 지금 하고 있는 일, 눈앞에 닥친 일만 잘 처리하면 그것으로 충분한 것이다.

3

사물의 내면을 잘 관찰하라. 무엇이든 눈에 보이는 모습에 이끌려 그것의 특성과 가치를 간과하는 일이 없도록 주의하라.

4

현존하는 모든 것은 급속히 변화하며, 만약 모든 실체가 정말로 하나라면 곧 증기로 환원하거나 분산되어 사라질 것이다.

5

우주를 지배하는 이성은 자기 자신의 성질을 알고 있으며 자기가 하는 일 등 모든 본질을 정확히 파악하고 있다.

6

최선의 복수는 악행을 저지른 사람과 같은 사람이 되지 않는 것이다.

7

항상 신을 생각하고, 끊임없이 사회에 공헌하는 일을 하는 데서 즐거움과 휴식을 찾도록 하라.

8

지배적인 이성은 자기 자신을 각성시키고 당신이 나아가야 할 방향을 제시해 준다. 그것은 자신이 원하는 대로 자기 자신을 형성할 수 있으며, 세상에서 일어나는 모든 일을 자신에게 유리하도록 적용할 수 있게 하는 것이다.

9

모든 사물은 우주의 본성에 따라 형성된다. 그 이유는 그것들의 외면과 내면을 지배하고 있는 것이 우주의 본성이며, 이 본성에 내포되어 있는 자연이나 따로 독립되어 있는 자연 등 그 사물 자체도 우주의 일부분이기 때문이다.

10

우주는 무질서하게 흩어져 있는 사물의 집합체이거나 질서와 섭리가 작용하는 통일체라고 볼 수 있다. 만약 이 세계가 전자의 경우라면 나는 무엇 때문에 사물의 우연한 결합과 무질서한 혼란의 세계에 머물러 있는 것일까? 그리고 어째서 결국 흙으로 돌아갈 것들에 대해 그토록 애태우고 불안해 한단 말인가. 이같은 혼돈의 세계 속에서 나의 의지가 통하지 않을 것은 명백한 사실이다. 그러나 만약 이 세계가 후자의 경우라면 나는 우주의 질서와 섭리를 믿고 따르며 확고한 태도로 살아갈 것이다.

11

주변 환경으로 인해 자신도 모르게 마음이 혼란스러울에 때에는 재빨리 자제심을 발휘하여 필요 이상으로 당황하는 일이 없도록 해야 한다. 그리고 당신의 능력을 초월하는 문제에 대해서는 더 이상 관심을 갖지 말라. 마음의 평온을 되찾음으로써 당신은 주변 환경과 원만한 조화를 이룰 수 있을 것이다.

만약 당신의 계모와 생모가 함께 생존해 있다면, 당신은 본분을 다해 계모를 받들겠지만 마음은 언제나 생모에게 가 있을 것이다.

지금 당신의 처지가 이와 비슷하다. 계모는 궁전 생활, 생모는 철학에 비교할 수 있는데, 자주 철학으로 되돌아가서 휴식을 취하도록 하라. 그렇게 하면 지금 당신이 머물고 있는 궁전 생활이 훨씬 견디기 쉬워질 것이다.

식탁 위에 차려져 있는 훌륭한 음식을 보고 당신은 그것들이 물고기나 새, 소, 돼지 등의 시체라는 것을 알 수 있을 것이다. 팔레르니우스(Palernius) 산 포도주는 포도를 발효시킨 즙이며, 당신이 입고 있는 자줏빛 옷은 조개를 염료로 해서 양털을 물들인 것에 지나지 않는다는 인상을 받는다. 또한 성교는 성기와 성기의 접촉, 일종의 경련에 수반된 점액의 배출일 따름이다. 이와 같이 사물을 대할 때마다 핵심에 침투하여 그 사물의 본질을 통찰하라.

이 세상 모든 것에도 이와 같은 방법을 적용시켜라. 가장 찬양할 만한 것으로 보이는 사물에 대해서도 일단 그것을 적나라하게 관찰한 다음 그 무가치함을 깨달아 실체를 파악하라. 왜냐하면 외관이야말로 이성을 제일 교란시키는 것이기 때문이다. 그러므로 당신이 지금 매우 가치 있는 일을 하고 있다고 확신할 때 가장 속임수에 걸려들기 쉽다. 항상 그리스 견유학파의 철학자 크라테스(Crates ; 고대 그리스의 철인으로 소크라데스의 철학에 속하는 퀴닉(Kynik)파의 대표자)가

플라톤의 제자인 크세노크라테스(Xenocrates)에게 한 말을
생각하라.

14

많은 사람이 관심을 갖는 사물의 대부분은 가장 일반적인
것으로, 자연적인 조직력으로 결합되어 있거나 단순한 하나
의 물체에 보관할 뿐이다. 예를 들자면 돌이나 나무, 무화과,
포도, 올리브 등이다. 그러나 좀더 이성적인 사람들이 찬양
하는 것은 소떼나 양떼처럼 움직일 수 있는 생명체이다. 그
리고 이들보다 더욱 지적인 사람들은 영혼과 그것의 능력에
큰 관심을 갖는다. 그러나 그들이 찬양하는 영혼도 보편적
인 이성의 일부로서의 영혼이 아니다. 그들은 단지 어떤 기
술에 숙달되었다든가 그 밖의 재능을 가진 영혼, 또는 많은
노예나 재산을 소유한 영혼에 관심이 있을 뿐이다.

그러나 이성적이고 보편적이며 사회 생활에 적합한 영혼
을 존중하는 사람들도 있다. 그들은 자기의 영혼을 순화시
키고, 영혼의 모든 활동이 도의에 어긋나지 않도록 유의하
며, 사회에 공헌할 수 있도록 노력하는 일 이외에는 신경을
쓰지 않는다. 그리고 이러한 목적을 달성하기 위해 사람들
끼리 협력한다.

15

한쪽에서는 분주하게 생성되고 다른 한쪽에서는 서둘러
사멸된다. 심지어 새로 생겨난 것조차도 이미 부분적으로는
사멸하고 있다. 끊임없는 시간의 흐름이 영원한 시간을 언
제나 새롭게 하는 것처럼, 쉴새없는 변화가 이 세계를 계속

해서 새롭게 한다.

그렇다면 모든 것을 휩쓸고 지나가는 이 흐름 속에서 특별히 가치 있는 것은 무엇이겠는가? 그것은 마치 날아가는 새를, 그러나 순식간에 시야에서 벗어난 새를 사랑하는 것과 똑같다. 인생이란 결국 죽을 때까지 되풀이하는 공기의 흡입과 혈액의 순환과 흡사한 것이다. 세상에 태어나는 그 순간부터 당신은 공기를 들이마시고 내뱉았으며 그것은 앞으로도 중단되지 않고 계속될 것이다. 또 숨쉬고, 혈액이 신체의 각 부위로 순환하는 그 순간마다 당신은 조금씩 변할 것이며 언젠가는 공기나 혹은 흙에 묻혀 버릴 것이다.

16

식물처럼 호흡하거나, 가축 혹은 들짐승처럼 호흡하는 것은 가치 있는 것이 아니다. 감각적으로 느끼는 감정이나, 욕망에 의해 행동하는 것이나, 소나 말처럼 떼를 지어 모여들거나, 음식물의 소화작용 등도 진정한 가치를 지니지 않은 것들이다. 이 모든 것들은 마치 음식물의 찌꺼기를 배설하는 행위와 다를 바가 없다. 그렇다면 진정으로 가치 있는 것은 무엇인가? 박수 갈채와 찬사인가? 그렇지 않다. 사람들의 찬사란 혀끝에서 나오는 것이므로 그것을 소중하다고 생각해서는 안 된다. 이 세상의 명예를 덧없는 것이라고 생각한다면 무엇이 가치 있는 것인가? 나는 자신의 본성대로 생각하고 행동하는 것만이 참된 가치를 지닌 것이라고 생각한다. 모든 기술의 목표는 만들어진 여러 가지 물건이 제기능을 발휘할 수 있도록 하는 데 있다. 포도나무를 재배하는 사람이나, 말이나 개를 훈련시키는 조련사도 이러한 목적아래

움직이는 것이다. 또한 사람을 교육시키는 것도 이와 같은 목적을 갖고 있다. 모든 훈련의 목적이자 교육의 목적인 바로 이것이 본성에 어긋나지 않는다면 이것이야말로 진정한 가치를 지닌 것이다. 만약 이것을 진실로 자신의 것으로 받아들인다면 당신은 앞에서 말한 이외의 것은 추구하지 않을 것이다.

참된 본성에 힘입어 마음속에 깃들여 있는 쓸데없는 야망을 모조리 버리도록 하라. 자신의 본성보다 보잘것없는 것을 소중히 여기는 사람은 자유롭지도 않고, 행복할 수도 없으며, 고뇌에서 해방될 수도 없을 것이다. 그러한 사람은 다른 사람을 부러워하고 질투하며 의심한다. 왜냐하면 그는 상대방이 자기보다 훨씬 부유하다든가, 지위가 높다든가, 혹은 당신이 소중하게 여기는 것을 빼앗아가지는 않을까 두려워하기 때문이다. 그는 자연히 혼란에 빠질 것이며, 종종 신을 비난할 것이다. 그러나 본성을 존중하는 사람은 자기의 생활에 만족하고 신과 조화를 이룸으로써 항상 마음의 평화를 유지할 수 있다.

17

원소는 위나, 아래, 또는 원을 그리면서 운동한다. 그러나 덕(德)의 운동은 이와 다르다. 덕은 보다 신성한 것이며, 보이지 않는 길을 통하여 조용히 행복한 길을 가는 것이다.

18

인간은 이상한 행동을 얼마나 많이 하는가! 그들은 자신과 같은 시대를 살고, 바로 이웃에 있는 사람들을 칭찬하고 격려할 줄 모른다. 오히려 일찍이 본 적도 없으며 앞으로도 볼 수 없는 후세 사람들에게 칭찬받는 것을 더 중요하게 생각한다. 그것은 마치 당신이 당신에 대해 전혀 알지도 못하는 전 시대에 살던 사람들로부터 칭찬받지 못한다고 한탄하는 것과 다를 바가 없다.

19

당신이 해결하기 힘든 일이라고 해서 그것이 다른 사람에게도 불가능한 일이라고 속단하지 말라. 반대로 다른 사람들이 손쉽게 처리하는 일이라고 해서 당신도 쉽게 해낼 수 있을 것이라고 단정짓지 말라.

20

운동 경기 도중에 이따금 상대방의 손톱에 긁히거나 머리를 부딪쳐 상처를 입기도 한다. 그러나 우리는 상대방에게 화를 내거나 항의하지 않으며, 그에게 악의가 있다고 의심을 품지도 않는다. 하지만 우리는 상대방을 경계해야만 한다. 그를 원수로 생각하거나 의심해서가 아니라 단지 뜻밖의 피해를 당하지 않기 위해 살짝 상대방의 공격을 피하라는 것이다. 인생의 다른 경우에서도 이와 같이 행동하는 것이 좋다. 즉 의심이나 미움 없이 모든 것을 조용히 피해야 한다.

21

만약 누군가가 나의 생각이나 행동의 잘못된 점을 충고하고 납득시켜 준다면 나는 기꺼이 그 충고를 받아들여 잘못을 고칠 것이다. 왜냐하면 나는 오직 진리만을 추구하고 있으며, 진리로 인해 해를 입을 사람도 없기 때문이다. 그리고 다른 사람에게 해를 끼치는 것은 자기 오류와 무지를 고집하는 태도이기 때문이다.

22

나는 최선을 다해 나의 의무를 수행하고자 한다. 그 밖의 일로 나의 마음을 혼란시키는 경우는 없다. 그 밖의 일은 이성에 어긋날 뿐만 아니라, 나를 혼란스럽게 하여 올바른 길을 찾지 못하게 하기 때문이다.

23

이성이 없는 동물이나 다른 모든 일반적인 사물에 대해서는 아량과 너그러운 태도로 대하도록 하라. 당신에게는 이성이 있지만 그들에게는 없기 때문이다.

그러나 당신과 같이 이성이 있는 인간에게는 친밀한 동지처럼 행동하라. 그리고 항상 신의 뜻에 따라 행동하고, 신에게 도움의 손길을 청하라.

그러나 신에게 도움을 청하는 데 소요되는 시간에 대해서는 염려하지 않아도 된다. 어떤 경우이든 단 세 시간이면 충분하다.

24

마케도니아의 알렉산더 대왕이나 그의 마부는 죽은 뒤에는 모두 같은 처지가 되었다. 그들은 우주의 동일한 생성 원리에 귀속되었거나, 아니면 동일한 원자로 분해되었기 때문이다.

25

똑같은 순간에 당신의 육체와 마음에 얼마나 많은 사건이 발생했는지 한 번 생각해 보라. 그러면 더 많은 사물이 하나이면서 전체, 즉 우리가 우주라고 부르는 것 속에 동시에 존재하더라도 그리 놀라지 않을 것이다.

26

만약 어떤 사람이 안토니누스(Antoninus)라는 이름을 어떻게 쓰느냐고 묻는다면, 당신은 불친절하게 그 철자를 가르쳐 줄 것인가? 상대방이 당신의 불친절한 태도에 불쾌해서 화를 낸다면 당신도 덩달아서 화를 내겠는가? 아니면 친절하고 상냥하게 한 자씩 빠짐없이 대답해 주겠는가?

이 세상의 모든 일도 이와 같이 구성되어 있다. 인간의 모든 임무는 각 단계별로 구분되어 있으며 그것은 또 일정한 부분으로 구성되어 있다. 그러므로 각각의 단계마다 세심한 주의를 기울이는 것이 당신의 의무이다. 아무것도 아닌 일로 화를 내서 상대방을 불쾌하게 만들 필요는 없다. 단지 주어진 일을 완수하는 데 전력을 기울이 된다.

27

우리 인간의 본성에 맞고 유익하다고 생각된 것을 추구하는 권리를 강제로 박탈한다면, 얼마나 잔인한 일이겠는가! 그러나 어떤 사람이 실수잘을 했다고 해서 그에게 화를 내고 비난한다면 어떤 의미에서는 그러한 행동이 위와 같이 추구할 권리를 박탈한 것이 된다. 결과가 어찌 됐건 그들은 자신의 본성에 맞고 이익이 된다고 믿었기 때문에 그렇게 행동한 것이다. 그래도 당신은 그들을 비난할 것인가! 그것은 옳은 행동이 아니다. 화를 내고 비난하기보다는 그들의 잘못을 지적하고 스스로 시정할 수 있게끔 타당한 이유를 설명해 주도록 하라.

28

죽음이란 감각을 통해 받아들이는 인상, 욕망을 일으키는 충동, 그리고 정신적인 활동이나 육체에 대한 봉사가 정지된 상태를 말하는 것이다.

29

이 세상에서 육체는 아직 굴복하지 않았는데도 불구하고 영혼이 먼저 굴복한다는 것은 극히 수치스러운 일이다.

30

많은 부하를 거느린 황제일지라도 허세를 부리거나 권위를 내 세우는 데 지나치게 연연해 하지 말라. 그 가능성이 항상 우리 주위를 맴돌고 있기 때문에 하는 말이다. 허세를 버리고, 언제나 소박하고 선량하며, 순수하고 신중히 생각하는 인간이 되라. 또한 정의를 사랑하고 신을 공경하며, 친절과 관대한 마음으로, 그러나 자기의 의무만은 과감히 수행해 내는 인간이 되라. 철학을 통해 깨달은 인간성에 도달하기 위해 끊임없이 노력하라. 신을 받들고 인간을 도우며 살아가라. 인생은 짧다. 이 지상에서 결실을 맺을 수 있는 유

일한 열매는 경건한 태도와 사회의 공익을 우선으로 한 행
동 뿐이다.

　언제나 안토니누스(Antoninus ; 아우렐리우스의 양부 안토니
누스 피우스를 가리킴)의 제자답게 매사에 피하려고 하지 말
고, 그를 본받아서 행동하라. 결코 이성에 어긋나는 행동은
하지 않으려던 그의 지조, 모든 일에 대한 그의 공평함, 사
물에 대한 그의 경건함, 그의 온화한 표정, 헛된 명예에 대
한 그의 경멸, 사물을 정확하게 이해하려던 그의 노력을 항
상 기억하라. 그는 모든 사물을 명확하게 이해할 때까지 결
코 중도에서 포기하는 일이 없었으며, 부당하게 자신을 비
난하는 사람들에게 반박하지 않고 언제나 친절했다. 그는
서두르지 않았으며 남들의 모함 따위에는 귀도 기울이지 않
았다. 그는 사람을 평가하는 능력이 매우 뛰어났지만 결코
편견을 갖고 남들을 대한 적은 없었다. 그는 소심하지도 않
았으며, 남을 의심하거나 비판하지도 않았다. 또한 집, 침대,
옷, 음식, 노예 등도 최소한의 것으로 만족했으며 매우 근면
하고 인내심이 강했다. 그는 간소한 음식으로 아침부터 밤
까지 견뎠으며, 때로는 화장실에 가는 시간까지 아껴 일했
으며, 그의 우정은 견실하고 변함이 없었다. 또한 그의 자신
의 의견에 반대하는 사람에게도 언론의 자유를 주었으며,
누군가가 좋은 의견을 내놓았을 때는 매우 기뻐했다. 또한
언제나 신을 공경하며, 종교적이어서 미신에 빠지지 않았다.
이렇한 모든 것을 기억하여 비록 죽음의 순간이 눈앞에 다
가오더라도 당황하지 않고 의연하고 평안한 태도를 보여 준
그를 기억하고 본받도록 하라.

[31]

건전한 정신으로 되돌아가 진실한 자신의 모습을 살펴보라. 이제 그만 잠에서 깨어나 당신을 괴롭히던 것들이 단지 꿈에 불과했다는 것을, 지금 당신 주위에 있는 사물 역시 꿈에 지나지 않는다는 사실을 깨달아야 한다.

[32]

나는 작은 육체와 깨끗한 영혼으로 구성되어 있다. 이 조그마한 육체는 사물의 가치를 분별할 수 없으므로 모든 것에 차별을 하지 않았다. 그러나 영혼은 사물의 차이를 분별할 수 있는 유일한 것이며, 모든 것은 영혼의 지배하에 존재한다. 그렇지만 이 영혼은 오직 현재에 관한 것에만 관계가 있다. 과거나 미래의 일은 영혼의 활동과는 관계가 없기 때문이다.

[33]

발이 해야 할 일을 발이 하고, 손이 해야 할 일을 손이 하는 한, 손과 발의 노동은 자연에 어긋나지 않는다. 이처럼 인간이 자기의 본분을 지키는 한 그의 노동은 자연에 어긋날 수 없으며, 그것은 악이 아니다.

[34]

강도나 아버지를 해치는 자, 폭군들은 얼마나 비상한 쾌감을 느끼기에 그처럼 엄청난 죄를 저지르는가!

35

대부분의 기술자들은 어느 정도까지는 기술이 서툰 자와 보조를 맞추기도 하면서, 자신들이 세워 놓은 기술의 원리를 고수하고 그것에서 벗어나는 것을 용납하지 않는다. 그럼에도 불구하고 건축기사나 의사가 신이 인간에게 나누어 준 이성보다 자신의 기술을 더 존중하고 믿는다는 것은 참으로 안타까운 일이 아닐 수 없다.

36

아시아도 유럽도 우주의 한구석에 불과할 따름이다. 지구를 에워싼 바다를 모두 합쳐도 우주에서는 한방울의 물에 지나지 않는다. 마케도니아에 있는 험준한 아토스(Athos) 산도 지구의 조그마한 흙더미이며, 아무리 긴 시간 일지라도 영원에 비하면 한순간일 뿐이다. 모든 것이 보잘것없고 변하기 쉬우며 소멸되고 있다. 모든 것은 우주의 보편적인 지배력으로부터 직접 또는 간접적으로 생성된다. 크게 벌린 사자의 입이나 치명적인 독약, 가시나 진흙처럼 해를 끼칠 수 있는 것들도 장엄하고 아름다운 것에서 파생된 부분이다.

그러므로 이러한 것들을 당신이 소중히 여기는 것들과 다른 종류라고 생각하지 말고 만물의 근원에 대해 올바른 견해를 갖도록 하자.

37

현존하는 사물을 보는 것은 아득히 먼 옛날에 있었던 모든 것, 그리고 영원히 존재하게 될 모든 것들을 보는 것과 같다. 왜냐하면 만물은 본질적으로 같은 종류이며, 동등한 원리의 지배를 받기 때문이다.

38

가끔 우주 안에 있는 만물의 유대 관계와 상호 관계에 대해 생각해 보라. 어떤 의미에서 만물은 마치 옷감을 구성하고 있는 실처럼 서로 긴밀히 결합되어 있다. 왜냐하면 만물은 활발한 운동과 팽창 및 수축 작용에 의해 질서 정연하게 지속되기 때문이다.

39

운명이 당신의 몫으로 부여한 환경에 적응하라. 그리고 운명적으로 정해진 당신의 동료와 이웃을 진심으로 사랑하라.

40

모든 도구나 연장, 그릇들이 각기 만들어진 용도에 따라 쓰여진다면, 그것으로 충분하다. 그것을 만든 사람들은 이미 그 속에 존재하고 있지 않다.

그러나 자연에 의해 만들어진 사물에는 그것을 만들어 낸 힘이 내재하여 줄곧 그 속에 머물러 있다. 그 힘을 존중하고 그 의도에 따라 행동하라. 그렇게 하면 당신에게 속한 모든 사물이 당신의 이성을 따를 것이다. 그것이 바로 우주의 법칙에 따라 인생을 영위하는 방법이다.

41

자신의 능력 밖에 있는 사물에 대해 선이다, 혹은 악이다 라고 판단해서는 않 된다. 만약 계속해서 그러한 판단을 내린다면 당신이 선이라고 생각하는 것이 사라지거나 또는 악이라고 생각하는 것이 다가올 때마다, 반드시 당신은 신을 원망하고 그 불행이나 실패에 책임이 있다고 생각되는 사람들을 증오하고 미워하게 될 것이다.

우리는 이와 같이 습관적으로 사물을 판단하기 때문에 많은 오류를 범하는 것이다. 그러나 우리의 권한에 속한 사물에 대해서만 선악의 판단을 내린다면, 신을 원망하거나 사람들을 적대시할 이유가 사라지게 된다.

42

인간은 오직 한 가지 목적을 달성하기 위해 일한다. 어떤 사람들은 그 목적을 의식하면서 의도적으로 일하는가 하면, 또 어떤 사람들은 자신이 하는 일이 무엇인지도 모르면서 일하고 있다.

헤라클레이투스(Heracleitus)는 "인간은 잠자는 순간에도 일을 하며, 우주의 진행 속에서 자기의 목을 하고 있는 것이다."라고 말했다. 이처럼 사람은 잠을 잘 때에도 일하고 있는 것이다. 사람들은 제각기 다른 방법으로 서로 협력하고 있다. 심지어 세상에서 일어나는 일을 비난하는 자, 반대하는 자, 방해하려고 애쓰는 사람들조차도 이 목적을 달성하기 위해 서로 협조를 아끼지 않는다. 왜냐하면 우주는 그러한 사람들까지도 서로 돕는 것을 필요로 하기 때문이다.

그러므로 이제 당신이 인식해야 할 것은 당신이 어떤 종류의 협력자 무리에 끼여 있는가 하는 점이다. 물론 우주의 지배자는 당신이 어떤 종류의 일꾼이든 당신을 협력자의 한 사람으로서, 또 그 유일한 목적을 달성하는 데 이바지하는 사람으로서 받아들일 것이다. 그러나 단 한 가지, 크리시푸스(Chrysippus ; B.C. 280년경의 스토아 학파 철학자)의 말대로 '극중에서 천하고 비열한 어릿광대'의 역할은 맡지 않도록 주의하라.

43

태양이 비의 역할을 대신할 수 있는가? 또 의술의 신인 애스쿨라피우스가 결실을 맺게 하는 대지의 역할(여기서는 농업의 여신인 디미터(Demeter)를 가리킴)을 할 수 있는가? 그리고 수많은 별들은 어떠한가? 비록 그들의 역할은 각기 다르지만 한 가지 목적을 위하여 서로 협력하는 것이다.

44

만약 신이 나에 대해, 그리고 나에게 반드시 일어날 일에 대해 어떤 결정을 내렸다면, 그것은 반드시 현명한 것이리라. 우둔한 신은 상상조차 할 수 없으니까 말이다. 그러나 신이 나에게 해로운 결정을 내렸다면, 무엇 때문에 그런 일이 일어나기를 바라겠는가? 나를 해치는 것이 신에게 어떤 유익함을 주겠는가? 신이 인간 개인에 대해서는 서로 의논하지 않겠지만 우주 전체에 대해서는 분명히 어떤 결정을 내렸을 것이다. 그러므로 이러한 일반적인 예정에 따라 일어나는 일을 나는 기쁜 마음으로 받아들이고 만족한다.

그러나 만약 신들이 아무것도 결정한 일이 없다면—이러

한 생각조차도 사악한 일이지만—우리는 그들에게 제물을 바치거나 기도하거나 신의 이름으로 맹세할 필요도 없다. 이 모든 일들은 신들이 현존하여 우리와 함께 있다고 믿기 때문에 행하는 것이다.

신이 우리의 운명에 전혀 관심이 없어 개개인의 역할에 대해 특별한 결정을 내리지 않았다면, 나는 나 자신에 대하여 스스로 결정할 수 있으며 나에게 유익한 것을 추구할 수 있다. 자기 자신의 본성에 따르는 것은 모든 인간에게 유익한 것이다. 그런데 나의 본성은 이성적이며 사회적이다. 그리고 내가 마르쿠스인 이상 나의 국가와 도시는 로마이므로 이 도시에 유익한 것이 나 자신을 위해서도 이익이 된다.

45

개인에게 일어나는 일은 모두 우주를 위해 일어나는 것이다. 그것으로 충분하다. 그리고 세밀히 살펴보면, 어떤 사람에게 유익한 것은 다른 사람들에게도 또한 유익하다는 보편적인 진리를 깨닫게 될 것이다. 그런데 여기서 유익하다는 말의 의미는 선악을 가릴 수 없는 사물, 즉 도덕적인 것과는 무관한 사물까지 포함하는 넓은 의미를 지닌 말이다

46

원형극장이나 이와 비슷한 장소에서 공연하는 것은 언제나 같은 내용만 보여 주므로 관객들에게 단조롭고 지루한 느낌을 준다. 그래서 바로 싫증을 느끼는 것이다. 우리의 인생도 이와 마찬가지이다. 하늘을 보거나 땅을 보거나 언제나 동일한 것의 연속이다. 그것은 또 얼마나 오랫동안 계속

되겠는가!

47

여러 민족에 속해 있으면서 갖가지 직업에 종사하던 모든 사람들과 온갖 종류의 욕망을 추구했던 수많은 나라들이 이미 사라져 버렸다는 사실을 잠시도 잊어서는 안 된다.

필리스티온(Philistion), 포에비우스(Phoebius), 오리가니오(Origanion)도 이미 죽고 말았다. 이처럼 최근 사람들 뿐만 아니라 수세기 전의 사람들에 대해서도 생각해 보자. 위대한 웅변가이면서 훌륭한 철학자인, 헤라클레이토스(Herakleitos), 피타고라스(Pythagoras), 소크라테스(Socrates), 또한 수많은 옛 영웅들, 장군들, 제왕들이 있다. 그리고 에우독수스(Eudoxus), 힙파르쿠스(Hipparchus), 아르키메데스(Archimedes), 그 밖의 훌륭한 천재와 대사상가, 노력가, 또 다재다능하고 자신에 넘치는 사람들, 인간의 덧없는 삶을 경멸했던 메닙푸스(Menippus) 일파, 그들은 지금 어디에 있는가? 그들도 다른 사람들과 마찬가지로 이미 오래 전에 땅 속에 묻혔다는 사실을 기억하라. 땅 속에 매장되었다는 것이 그들에게 어떤 해를 주는가? 죽어서 이름조차 남기지 못한 사람들의 경우도 마찬가지이다.

이런 중에서도 오직 한 가지 가치 있는 것이 있다면, 진실하고 올바르게 살아가는 것, 그리고 거짓말쟁이나 불성실한 사람에게도 관용을 베푸는 바로 그것이다.

48

진심으로 즐거운 마음을 가지고 싶다면 당신과 더불어 살아가는 사람들의 장점을 생각하라. 어떤 사람의 적극성, 어떤 사람의 겸손, 어떤 사람의 관용, 그리고 그 밖의 사람들의 미덕과 장점을 생각하라. 좌절과 실의에 빠져 있을 때, 이웃의 풍부하고 다양한 미덕은 우리에게 커다란 위안을 줄 것이다. 그러므로 항상 가까이서 그 사람들의 미덕을 지켜볼 수 있는 시간을 갖도록 힘쓰라.

49

자신의 체중이 3백 파운드를 넘지 않는다고 불만스럽게 생각지는 않을 것이다. 그렇다면 당신에게 부여된 수명을 연장할 수 없다고 해서 한탄할 필요까지는 없다. 왜냐하면 자신에게 허용된 몸무게에 만족하듯이 수명에 대해서도 만족해야 하기 때문이다.

50

사람들을 우선 설득해 보라. 비록 그들이 양해하지 않더라도 정의의 원칙에 어긋나지 않는 일이라면 즉시 실행에 옮기도록 하라. 만약 폭력을 동원하여 당신을 방해하려는 자가 있다면 망설이지 말고 조용히 떠나라.

이것은 당신의 시도를 포기하라는 것이 아니라, 잠시 동안 미루라는 것이다. 그리고 그 장애물을 다른 미덕을 발휘하는 데 이용하라.

구태여 불가능한 일을 목표로 삼지 말고 단지 목표 그 자체에서 벗어나지 않도록 노력하라. 이렇게 목적을 향해 꾸준히 전진한다면 어느새 당신의 목표는 달성되어 있을 것이다.

51

지나치게 명예를 추구하는 사람은 다른 사람의 활동을 자신의 이익을 위해 이용하고, 쾌락에 빠지는 사람은 자신의 감각을 이용한다. 그러나 지각 있는 사람은 자신의 행동이 가장 좋은 것이라고 생각한다.

52

어떤 사물에 대해 심사숙고하거나 굳이 판단을 내리거나 그 때문에 마음이 흔들릴 필요는 없다. 왜냐하면 사물 자체는 당신의 판단을 요구하지도 않으며 그런 능력을 형성할 자연적인 힘도 없기 때문이다.

53

다른 사람의 말을 조용히, 그리고 신중하게 듣는 습관을 기르도록 하라. 그리고 될 수 있는 대로 말하는 사람의 진심을 파악하고 동조하는 자세로 경청하라.

54

벌집에 해로운 것은 벌에게도 좋지 않은 것이다.

55

선원이 선장을 모함하고, 환자가 의사를 불신하고 비난한다면, 그들은 과연 어느 누구의 말을 믿을 것인가? 또한 선장과 의사를 제외한다면 어느 누가 선원들의 안전을 책임지고, 환자의 병을 치료해 줄 것인가?

56

나와 함께 이 세상에 태어난 사람들 중에서 얼마나 많은 사람들이 이미 저 세상으로 떠나 갔는가!

57

황달에 걸린 사람에게는 꿀이 쓰고, 미친개에게 물린 사람은 물을 두려워한다. 공은 어린아이에게 **훌륭한 장난감이** 다. 그런데 내가 왜 화를 내는 이유는 무엇인가? 혹시 사람들의 그릇된 사상이 황달에 걸린 환자의 담즙이나 미친개의 바이러스보다 인간에게 미치는 해독이 미약하다고 생각하는가?

58

그 누구도 본성에 깃든 이성대로 생활하는 것을 방해하지는 못한다. 이와 마찬가지로 자연의 이성에 벗어나는 일은 결코 발생하지는 않는다.

59

자신의 목적을 위해 열심히 남의 비위를 맞추는 사람은 과연 어떤 종류의 사람들인가? 그들이 바라는 것은 무엇인가! 시간은 이 모든 것을 얼마나 빨리 거두어들일 것인가! 그리고 시간은 이미 얼마나 많은 것을 **빼앗아** 갔는가!

제7권

1

악이란 무엇인가? 그것은 당신이 지금까지 자주 보아온 것이다. 다른 것과 똑같이 그것도 여러 번 되풀이해서 일어난다. 하늘과 땅 구석구석을 돌아보아도 당신은 동일한 것을 발견할 수 있다. 고대와 중세, 그리고 오늘날의 역사에도 이 동일한 것이 가득 들어차 있고, 현재에도 모든 나라와 각 가정에 가득 차 있다. 어디에서도 새로운 것은 발견할 수 없다. 이 세상 모든 것이 속절없고 진부한 것들이다. 이와 마찬가지로 악도 전혀 새롭거나 특별한 것이 아니다.

2

우주의 근본 원리는 결코 사멸되지 않는다. 이에 대응하는 최초의 인상이 사라지지 않는 이상 어떻게 소멸할 수 있겠는가? 그러므로 당신은 그것을 끊임없이 새로운 불꽃으로 피어오르게 해야 된다. 당신에게는 충분히 그렇게 할만한 능력이 있다.

그러나 만약 당신이 아무리 노력을 해도 이해하지 못하는 사물이 있다면, 그것은 당신이 이해할 필요가 없기 때문이다. 그렇다면 무엇 때문에 그 원리를 거역하면서 스스로 자신의 마음을 혼란지경에 빠트리는가? 이러한 사실을 확실히 자각하면, 당신은 언제 어디서나 의연하게 행동할 수 있다. 당신은 당신의 인생을 새롭게 할 수 있는 능력을 가지고 있다. 사물을 보다 근본적인 관점에서 보면 되는 것이다. 그렇게 함으로써 새로운 삶이 시작되는 것이다.

3

격식을 차린 화려한 행사, 무대 위의 연극, 무리를 지어 모여 있는 소나 양, 군인들의 전투 연습, 강아지에게 던져진 하나의 뼈, 연못의 물고기에게 던져진 빵부스러기, 근면한 개미와 무거운 짐, 겁먹은 생쥐의 도주, 실로 움직이는 인형 —이러한 하찮은 것들에 둘러싸여 오만하게 행동하지 말고 관대한 태도를 취하라. 그것이 곧 인간의 의무이다. 그리고 인간의 가치란 그가 열심히 추구하는 대상에 따라 결정된다는 사실을 명심해야 한다.

4

여러 사람이 모여 토론을 벌일 때에는 하찮은 제안에도 귀를 기울이고 행동할 때는 자신이 무엇을 하고 있는지 정확히 알고 행동해야 한다. 그리고 토론할 때에는 요점이 무엇인지 정확하게 파악해야 하며 행동할 때는 그 행동이 지향하는 목표가 무엇인지 잊지 말아야 한다.

5

나는 지금 내가 하려는 일을 완수할 충분한 능력이 있는가? 만약 충분한 능력이 있다면 나는 자연이 베풀어 준 이해력을 이용하여 우선 내가 하려는 일을 정확하게 분석할 것이다. 그러나 나에게 그 일을 처리할 능력이 없다면 나는 기꺼이 보다 유능한 사람에게 그 일을 양보하겠다. 그러나 그것마저 여의치 않다면, 나는 그 일에 매우 정통한 사람의 도움을 받아 일반적인 기준에서 이탈하지 않는 범위에서 최선을 다해 처리하겠다. 나의 임무를 혼자서 완수하든 다른 사람의 도움을 받아 처리하든 그것은 우선 사회에 유익하고 적절한 것이어야만 한다.

6

얼마나 많은 사람들이 찬양과 선망의 대상으로 군림하다가 결국은 잊혀져 버리고 마는가. 그리고 또 얼마나 많은 사람들이 남의 명성을 찬양하다가 덧없이 이 세상을 떠나 버렸는가.

7

다른 사람으로부터 도움받는 것을 부끄럽게 생각지 말라. 당신의 어떤 도시를 공격하는 병사처럼 주어진 명령을 따르는 것이다. 만약 당신이 부상을 당하여 혼자서는 도저히 성벽을 오를 수 없지만, 동료의 도움을 받아 그것이 가능하다면 어떻게 하겠는가.

8

미래의 일로 근심하여 마음을 어지럽히지 말라. 미래가 현재가 될 때, 당신이 지금 눈앞에 닥친 일을 처리하는 바로 그 이성으로써 미래의 일도 훌륭하게 처리해 낼 수 있기 대문이다.

9

만물은 서로 상관 관계가 있으며, 그 유대는 신성하다. 이 세상에 다른 사물과 관련이 없는 것은 아무것도 없다. 모든 사물은 동등하며, 서로 밀접하게 결합되어 질서 있는 우주를 형성한다.

우주는 만물로 이루어진 하나이며, 만물을 지배하는 신도 하나이며, 실체도 하나요, 진리도 하나이다. 그리고 예지를 지닌 동물에 있어서의 이성도 하나이며, 그 진리 또한 하나이다. 왜냐하면 동등한 존재가 동일한 이성을 갖고 있다면, 그것에서 생겨난 진리 역시 동등할 수밖에 없기 때문이다.

10

물질적인 것은 모두 순식간에 우주의 실체 속으로 사라져 버린다. 그리고 원인이 되는 모든 것은 우주의 이성으로 되돌아가며, 사물의 모든 기억은 곧 시간의 무한한 심연 속에 파묻혀 버린다.

11

이성적 동물에 있어서 동일한 행위는 자연과 이성에 있어서 똑같이 일치한다.

12

의연한 모습으로 똑바로 서라. 혼자서 설 수 없다면 남의 힘을 얻어서라도 똑바로 서야 한다.

13

신체의 각 부분이 밀접하게 연결되어 하나의 육체를 이루 듯이 각기 다른 개성을 가지고 있는 이성적 존재인 인간도 서로 협력하게끔 만들어진 것이다. 이러한 사실을 깨닫고 자기 자신에게 "나는 전체의 이성적 존재에 예속된 팔이나 다리와 같은 한 부분이다."라고 말한다면 이러한 관계는 더욱 분명하게 인식될 것이다.

그러나 만일 자신을 전체와 동떨어진 부분이라고 생각한 다면 당신은 아직 진심으로 사람을 사랑하지 않는 것이다. 그러므로 남에게 베푸는 선행도 당신에게 큰 기쁨을 주지 못한다. 당신의 선행은 형식적인 것이며 자신의 본성에서 우러난 사랑이 아니기 때문이다. 이처럼 본성에 어긋나는 것으로 참된 만족을 주는 것은 없다.

14

외부에서 무슨 일이 일어나든 그 영향을 느낄 수 있는 부분, 즉 육체도 그 자극을 받을 수 있도록 하라. 자극을 받는 이 부분들은 그들이 원한다면 불평을 할 수 있기 때문이다. 그러나 자기에게 일어난 일을 악이라고 생각하지 않는다면 그로 인해 어떠한 해도 입지 않는다. 그리고 나에게는 그것 이 악이라고 생각하지 않을 자유가 있다.

15

누가 무슨 말을 하든, 또는 무슨 행동을 하든간에 나는 변함없이 올바른 태도를 유지해야만 한다. 이것은 마치 금이나 에메랄드, 자수정 등이 사람들의 비난이나 평가에 동요됨이 없이 보석으로서의 가치나 빛깔이 조금도 손상되지 않는 것과 같다.

16

지배적인 이성은 결코 자기 자신을 괴롭히는 법이 없다. 즉 공포와 욕망에 동요되는 법이 없다. 만약 누군가가 이성을 협박하거나 괴롭힐 수 있다고 장담한다면 마음대로 행동하게 하라. 이성은 스스로의 능력으로 이러한 상태에 빠지지 않을 것이기 때문이다.

반면에 육체는 가능한 한 손상되지 않도록 스스로 조심하고 만약 고통을 받았다면 그것을 표현하도록 하라. 우리의 육체는 손쉽게 상처받을 수 있기 때문이다. 그러나 영혼 자체는 두려움이나 고통이 상상에 불과하다는 사실을 알고 있을 뿐만 아니라, 그러한 것에 대하여 관념을 형성하는 힘을 지니고 있기 때문에 아무런 해도 받지 않는다. 또한 영혼은 아무리 심한 협박을 받더라도 잘못된 판단을 내리지는 않는다. 이성은 스스로 결함을 만들어 내지 않는 한 아무것도 필요로 하지 않는다. 따라서 영혼은 스스로 자신을 괴롭히거나 방해하지 않는다면 그 무엇에도 당황하거나 상처받지 않는다.

17

행복이란 선한 신성이나 지배적 이성의 산물이다. 그런데 그릇된 망상이여, 그대는 이곳에서 무엇을 하고 있는가? 신의 이름으로 말하노니 처음 그대가 살던 곳으로 돌아가라. 나에게는 그대가 필요하지 않다. 그대를 이곳에 데리고 온 것이 오랜 습관임을 깨달았다. 나는 그대에게 화를 내는 것은 아니다. 단, 이곳을 빨리 떠나라!

18

누가 변화를 두려워하는가? 아무런 변화 없이 무슨 일이 이루어 질 수 있겠는가? 보편적인 이성에 대해 자연의 본성인 변화보다 더 친밀하고 적합한 것은 무엇인가? 만약 장작이 불덩어리가 되지 않았다면 무엇으로 목욕물을 데울 것이며, 음식이 변하지 않는다면 어떻게 영양을 흡수할 수 있겠는가? 그 밖에도 변화의 과정을 거치지 않고 유익한 것으로 이루어진 것이 있는가 살펴보라. 당신이 변하는 것도 이와 마찬가지이다. 변화를 두려워하지 말라. 그것은 자연의 필연적인 과정이다.

19

모든 물체는 마치 거센 급류에 휩쓸려 흘러가듯이 우주의 실체에 실려 떠내려가고 있다. 육신의 각 부분이 밀접하게 연결되어 서로 협력하고 있는 것처럼, 인간은 각자의 본성에 따라 전체와 유기적으로 협력하면서 관계를 맺고 있다. 시간은 크리십푸스, 소크라테스, 에픽테토스 등과 같은 인물들을 얼마나 많이 그 심연 속에 묻혔는가. 어떤 사람, 혹은 어떤 일과 관계를 맺어야 할 때에는 언제나 이 사실을 상기하도록 하라.

20

내가 근심하는 것은 오직 한 가지 뿐이다. 그것은 인간의 본성이 허용하지 않는 일을 그 이성이 바라지 않는 방향으로 하고 있는 것은 아닐까 하는 두려움이다.

21

머지않아 당신은 모든 일을 잊어 버릴 것이며, 모든 사람들 역시 당신을 잊어버릴 것이다.

22

인간의 특성은 잘못을 저지른 사람까지도 사랑할 수 있는 것이다. 그리고 이러한 경지에 도달하려면 다음과 같은 생각까지 주입시켜야 한다. 잘못을 저지른 사람 역시 나의 형제이며, 무지로 말미암아 본의 아니게 잘못을 저질렀을 뿐이며, 나와 마찬가지로 얼마 지나지 않아서 죽게 될 것이다. 그리고 무엇보다 그들은 나에게 해를 입히지 않았으며, 그들로 인해 나의 지배적 이성이 전보다 더 나빠지지는 않을 것이다. 이 모든 것을 깨달았을 때, 당신은 진심에서 우러난 애정으로 그들을 감싸 줄 수 있을 것이다.

23

자연은 일반적인 물질을 사용하여 어떤 때는 말(馬)을 만들어 내고, 그 후에는 그것을 해체하여 그 재료로써 나무를 만들고, 다음에는 사람을 만들고 그리고 계속해서 다른 것들을 만들어 낸다. 그리고 이렇게 만들어진 것들은 모두 잠시 동안만 존재할 뿐이다.

질그릇을 만드는 것이 어렵지 않듯 깨뜨리는 것 또한 별로 어려운 일이 아니다.

24

원한과 분노 등으로 일그러진 얼굴은 결코 자연스럽게 보이지 않는다. 자주 얼굴을 찡그리면 자신도 모르는 사이에 아름다움은 점점 사라지고, 마침내는 얼굴에서 아름다움이 완전히 사라져 버리게 될 것이다. 이런 사실에서 우리는 얼굴을 찡그리는 것은 자연에 어긋난다는 결론을 얻게 된다. 우리가 자신의 잘못을 깨닫지 못한다면, 더 이상 살아야 할 이유가 없지 않은가!

25

우주를 지배하는 자연은 이 세계가 항상 싱싱함을 유지할 수 있도록 매순간마다 만물을 변화시킨다. 자연은 당신의 눈앞에 있는 모든 것을 순식간에 해체시켜 그것을 재료로 하여 다른 사물을 형성하고, 또 그것을 재료로 삼아 다른 것을 만들어 세계를 항상 새롭게 하고 있다.

26

누군가가 당신에게 잘못을 저질렀을 때, 그 즉시 그가 선악에 대해 어떤 관념을 가지고 그런 잘못을 저질렀는지 생각해 보라. 그것을 이해하게 되면 당신은 그를 동정하게 되고, 놀라거나 화를 내는 일이 없을 것이다. 왜냐하면 당신도 그들이 저지른 일과 똑같은 것을 선이라고 생각하거나, 결과는 다를지라도 본질적으로는 같은 일을 선이라고 생각할 수 있기 때문이다. 그러므로 당신은 그들의 잘못을 너그럽게 용서해 주어야 한다.

그러나 만약 그들의 행동이 선도 아니고 악도 아니라고 생각한다면, 잘못을 저지른 사랑을 용서하기는 더욱 쉬울 것이다.

27

당신이 소유하지 않은 것을 탐하지 말라. 그보다는 당신이 소유한 것을 소중히 여기고, 만약 이것마저 없었다면 그것을 얼마나 갖고 싶었을까를 생각해 보라. 그러나 갖고 있는 것에 지나치게 집착한 나머지, 그것을 잃을 경우 괴로워하는 일이 없도록 유의하라.

28

자기 자신으로 돌아가라. 당신을 지배하는 이성은 당신이 올바르게 행동하고, 마음의 평안을 얻으면 스스로 만족하는 본성을 지니고 있다.

29

모든 쓸데없는 상상력을 버려라. 감정의 속박에서 벗어나 꼭두각시처럼 다른 사람의 조종을 받지 않도록 하라. 현재에 충실하라. 당신과 다른 사람에게 일어나는 일의 실체를 파악하라. 그리고 눈앞에 있는 모든 대상을 원인과 본질로 나누어 이해하라. 임종의 순간을 생각하라. 다른 사람이 범한 과오는 그것이 일어난 장소에 그대로 남겨두도록 하라.

30

대화를 나눌 때 상대방이 하는 말에 주의를 기울여라. 어떤 일과 그 일을 하는 사람을 충분한 이해심을 갖도록 하라.

31

선과 악에 관심을 갖지 말고, 소박과 겸손으로 자기 자신을 수양하도록 하라. 인류를 사랑하고 신에게 복종하라. 데모크리토스는 법칙이 만물을 지배한다고 말한 바 있는데, 이 사실만 명심하면 그것으로 충분하다.

32

죽음에 대하여— 만약 이 세상에 원자만이 존재한다면 죽음은 흩어져 사라지는 것이며, 만약 이 세상이 하나의 통일체라면 그것은 소멸이나 변화일 뿐이다.

33

고통에 대하여— 참기 어려운 고통은 넋을 잃게 한다. 그러나 오랫동안 지속되는 고통이라면 충분히 참아낼 수 있다. 그리고 정신은 스스로를 지킴으로써 평정을 유지하며, 고통 때문에 해를 입지는 않는다. 그러나 고통으로 인해 상처를 입을 수 있는 부분(육체)이 고통을 느낀다면 일부러 그 아픔을 참아낼 필요는 없다.

34

명예에 대하여—명예를 추구하는 자의 마음을 살펴보라. 그들은 어떤 사람이며 무엇을 회피하며 추구하는 것은 무엇인가를 세밀히 관찰하라.

마치 모래더미 위에 다른 모래를 쏟으면 먼저 있던 모래가 가려져서 보이지 않는 것처럼, 먼저 일어난 사건은 연달아 생기는 다른 일에 곧 파묻혀 버린다는 사실을 잊지 말라.

35

위대한 지성에 모든 영원성을 가지고 있으며, 실체의 모든 보편성을 관조한 자가 인생을 가치 있는 것이라고 생각할 수 있을까? 그는 불가능한 일이라고 대답했다. 그렇다면 그런 사람은 인간이 죽음을 두려워해야 한다고 생각하는가? 물론 전혀 그렇게 생각지 않을 것이다.

- 플라톤 《국가》

36

좋은 일을 하고도 비난을 받는 것은 실로 거룩한 일이다.

- 안티스테네스(Antisthenes)

37

겉으로는 이성의 명령에 따라 온순하고 단정하고 침착하면서도 마음은 전혀 그렇지 못하다면, 매우 부끄러운 일이다.

38

사물 자체를 보고 화를 내는 것은 어리석은 짓이다. 아무리 화를 내도 사물은 당신이 화내는 것조차 모르고 있다.

        - 에우리피데스(Euripides)

39

불멸하는 신과 인간에게 기쁨을 주는 사람이 되라.

40

인간은 마치 잘 익은 곡식을 거둬들이는 것과 똑같다. 한쪽에선 새로운 생명이 태어나고 다른 쪽에선 이미 태어난 생명이 죽어간다.

       - 에우리피데스 《휴푸시퓨레》

41

나와 나의 자손들이 버림받게 된다면, 거기에는 반드시 그럴 만한 이유가 있을 것이다.

       - 에우리피데스 《안티오페》

42

신과 정의는 나의 편이다.

        - 에우리피데스

43

다른 사람들의 슬픔이나 격렬한 감정에 동요되지 말라.

44

그대에게 나는 이렇게 충고하고 싶소. 만약 당신이 그를 조금이라도 훌륭한 사람이라고 생각한다면, 그는 분명히 생사에 대한 문제로 고심하며 아까운 시간을 낭비하지는 않을 것이오.

그는 오직 일을 할 때마다 그 일이 선한 것인가 악한 것인가를 정확하게 판단하는 데만 신경을 집중할 것이오. 당신이 이 말에 동의하지 않는다면, 당신은 잘못을 저지르고 있는 것이오.

- 플라톤 《소크라테스의 변명》

45

아테네인들이여, 진실은 다음과 같습니다. 어떤 사람이 스스로 최선의 것이라는 생각에서 그 일을 맡았든, 아니면 지휘관의 명령을 받아 맡았든간에, 그는 어떤 위험도 무릅쓰고 자신의 임무를 완수해야 합니다. 죽음이나 그 밖의 압력에 의해 공포를 느끼고 자신의 명예를 손상해서는 안 됩니다.

- 플라톤 《소크라테스의 변명》

46

그러나 나의 벗이여, 한 번 신중히 생각해 보도록 하게. 고귀하고 선한 것이 자신과 다른 사람들을 위험에서 구출하는 것과 차이가 있다고 구별할 수 있는지 없는지를. 적어도 진실한 인간이라면 자신이 얼마나 오래 살 수 있을까 하는 것에 집착해서는 안 되네.

"그 누구도 운명에서 벗어날 수는 없다."라는 여자들의 말처럼 생사에 대한 문제는 신에게 맡기고, 앞으로 살아야 할 시간을 어떻게 하면 가장 훌륭하게 살 수 있는가를 생각해야 하네.

- 플라톤 《고르기아스》

47

별과 함께 움직인다고 생각하면서 별들의 운행을 자세히 관찰해 보라. 그리고 원소들이 어떻게 변하고 있는지 살펴보라. 이러한 작업은 지상 생활의 오염을 말끔히 씻어 주기 때문이다.

48

플라톤은 참으로 훌륭한 말을 많이 했다. 인간에 대해서 논하려는 사람은 마치 높은 곳에서 그들을 굽어보듯이 지상의 여러 가지 사물을 바라보아야 한다.

전쟁, 평화를 위한 회합, 농경, 결혼, 이혼, 탄생, 죽음, 소란한 법정, 불모의 땅, 무수한 야만족, 축제, 장례식, 무질서한 시장 등 이 모든 혼란을 살펴보고, 서로 상반된 것들이 어떻게 조화를 이루는지 잘 관찰해 보아야 한다.

49

과거를 회상해 보라. 정치적 주권에 얼마나 많은 변화가 있었는가! 미래 또한 과거와 조금도 다를 것이 없다. 그러므로 당신은 미래의 일을 예측할 수 있다.

미래의 일도 분명 과거와 동일할 것이다. 왜냐하면, 현재 일어나고 있는 일의 질서에서 이탈한다는 것은 불가능하기 때문이다. 따라서 인생을 40년 동안 관찰하거나 1만 년 동안 관찰하거나 마찬가지이다.

오래 산다고 해도 당신이 상상하기 힘든 새로운 일은 일어나지 않는다.

50

에우리피데스는 "땅에서 자라난 것은 땅으로, 하늘에서 생긴 것은 하늘로 돌아간다."라고 했다. 이 말은 결합된 원자의 분해, 이와 동일한 무감각한 원소의 이산을 뜻한다.

51

사람들은 많은 음식과 술을 바치고 교묘한 주문을 외워 죽음이라는 운명의 흐름을 벗어나려고 노력한다.

- 에우리피데스

하늘에서 보내 준 바람을 고맙게 받아들이고, 어떤 노고에도 불평해서는 안 된다.

- 출처 미상

52

자신의 적수를 쓰러뜨리는 데에는 뛰어난 재능이 있을지 모르지만 사회에 이바지하려는 정신이나 겸손함은 부족하며, 모든 일에 대처하는 기본적인 훈련이 되어 있지 않을 뿐만 아니라, 이웃의 그릇된 견해에 관대하지 못한 사람이 있다.

53

신과 인간의 공통된 이성에 따라 일을 처리한다면, 아무 것도 두려워할 것이 없다. 우리의 본성대로 공공의 이익에 이바지할 때, 거기에는 아무런 해도 있을 수 없기 때문이다.

54

언제 어디서나 당신이 할 수 있는 일은 항상 경건한 마음으로 현재의 상태에 만족하고, 주위 사람들에게 친절을 베풀며, 어떤 것이든 신중히 검토한 후 당신의 마음속에 스며들지 못하도록 자신을 연마하는 일이다.

55

다른 사람들의 지배적 원리를 찾아내려고 두리번거리지 말고, 어떤 본성이 당신을 인도하는지에 모든 관심을 집중시켜라. 자연은 주위 환경을 통해서, 본성은 의무를 통해서 당신이 해야 할 일을 가르쳐 준다.

인간은 모두 자신의 본성에 맞는 행동을 해야 한다. 그리고 인간의 본성은 같은 형제끼리 서로 돕고, 협력하도록 되어 있다. 그러나 그 밖의 다른 사물들은 모두 인간을 위해 봉사하도록 만들어졌으며, 다른 경우에도 약자는 언제나 강자를 위해 존재하는 것이다.

인간의 본성에 있어서 으뜸가는 특성은 사회성이다. 그리고 둘째는 육체를 사로잡는 유혹을 뿌리칠 수 있는 능력이다. 자신의 한계를 분명히 밝히고 감정이나 욕망에 압도되지 않는 것이야말로 이성이나 지성만이 갖는 독특한 능력이다. 육체적인 욕망에 저항 없이 사로잡히는 것은 동물에게

서나 찾아볼 수 있다. 그러나 인간의 이성은 다른 어떤 것보다 우월하며, 쓸데없는 감정에 휩싸이는 것을 용납하지 않는다. 셋째는 경솔하게 판단하지 않고 쉽게 기만당하지 않는 능력이다. 인간의 본성은 거짓과 진실을 명확하게 구별하고, 남을 속이거나 속지 않는다. 따라서 이 세 가지 특성을 간직하면서 이성의 인도에 따라 똑바로 나아가라. 그것이야말로 당신이 걸어야 할 참된 길이다.

56

나는 이미 죽은 사람이라고, 나의 인생은 오늘로써 끝났다고 생각하라. 그리고 앞으로의 생활은 신께서 특별히 베풀어 주신 덤이라 생각하고, 남은 생애를 자연에 따라 살아가도록 노력하라.

57

당신에게 일어나는 것, 그리고 운명의 신이 당신에게 부여해 준 것을 사랑하라. 그것이 당신에게 가장 필요하고 어울리는 것이다.

58

어떤 난관에 부닥칠 때마다 당신과 같은 일을 당한 사람들을 생각해 보라. 그들은 얼마나 슬퍼하고 놀라고 당황하였는가. 그런데 그들은 지금 어디에 있는가? 어느 곳에서도 찾아볼 수 없다. 그런데도 당신은 그들과 같은 행동을 하려고 하는가? 차라리 그 일을 다른 유익한 것으로 바꾸려고 노력하든지, 아니면 그 일을 아주 단념하도록 하라. 그렇게 함으로써 도리어 그 일을 당신이 하려는 일의 좋은 재료로 이용할 수 있을 것이다. 그리고 어떤 일을 하든 당신이 주인 이라는 생각으로 올바르게 처리해야겠다는 것이 당신의 유일한 관심인 동시에 염원이 되도록 노력해야 한다.

오로지 당신이 하고자 하는 일에만 관심을 기울이고, 장차 닥쳐올지도 모르는 장애물 따위는 아무 문제도 되지 않는다는 사실을 항상 기억해야 한다.

59

당신의 내면을 들여다보라. 그곳에는 선의 샘이 있고, 그것은 결코 마르는 법이 없다.

60

육체를 건강하게 단련시켜서 행동할 때나 휴식을 취할 때나 불규칙한 상태에 빠지지 않도록 해야 한다. 얼굴을 보면 그 사람의 됨됨이를 알 수 있다. 그래서 당신은 세심한 주위를 기울여 항상 지적이고 예의바른 용모를 유지하려고 한다. 우리의 육체 또한 이와 같은 주의를 요구하고 있다. 그러나 이러한 모든 일은 자연스럽게 이루어져야 한다.

61

처세술은 무용보다는 레슬링 경기에 비유할 수 있다. 왜냐하면 레슬링 선수는 예측할 수 없는 불의의 공격에 대비하여 언제나 정신을 똑바로 차리고 꿋꿋이 서 있어야 하기 때문이다.

62

만일 당신이 다른 사람들에게 인정받기를 원한다면, 언제나 그들이 어떤 사람이며 그들을 지도하는 원리는 무엇인가를 생각해 보라. 그들의 의견과 그 동기가 무엇인지 깨닫는다면 당신은 본의 아니게 잘못을 저지른 사람들을 비난하지 않을 것이며, 그들의 인정이나 칭찬을 바라지도 않을 것이다.

63

한 철학자는 모든 영혼은 자신도 알지 못하는 사이에 진리를 빼앗기고 있다고 말했다. 이 말에는 정의, 절제, 자비심 등의 미덕이 인간이 모르는 사이에 상실된다는 의미가 내포되어 있다. 이런 점을 항상 염두에 둔다면 당신은 모든 사람들을 더욱 친절하게 대할 수 있을 것이다.

64

고통스러운 일을 당할 때마다 항상 다음과 같이 생각하라.

고통은 수치가 아니며 나의 지배적 이성을 타락시키지 못한다. 지성은 합리적이며 사회적이기 때문에 고통으로 인해 손상되지 않는다.

대부분의 경우 에피쿠로스(Epikuros)의 "고통에는 한계가 있으며, 제멋대로 과대평가하지 않는다면 참을 수 없는 것도 아니며, 영원히 계속되는 것도 아니다."라는 말을 상기하면 큰 도움이 될 것이다.

또한 우리를 불쾌하게 하는 많은 일들, 예를 들면 매우 졸

립다든가 덥다든가 식욕이 없다든가 하는 것들도 고통의 일
종이다. 그러나 우리는 그것을 심각하게 받아들이지는 않는
다. 그러므로 이런 일로 불평이 나오려고 하면 자기 자신에
게 말하라. 나는 지금 고통에 굴복하고 있다고.

65

비인간적인 사람들이 다른 사람들에게 품고 있는 것과 동
일한 감정으로 그들을 대하지 않도록 유의하라.

66

소크라테스가 피타코라스의 아들인 텔라우게스(Telauges)
보다 인격적인 면에서 더 훌륭한지 또는 그렇지 않은지를
무엇을 근거로 평가할 수 있는가? 소크라테스가 보다 더 고
상하게 죽음을 맞이했고, 보다 능란하고 교묘한 발언으로
소피스트들을 반박했고, 추운 밤에도 태연히 밤을 새웠으며,
아테네의 폭군으로부터 살라미스(Salamis)의 레온(Leon)을
체포하라는 명령을 받았지만 용감하게 거역했을 뿐만 아니
라 당당하게 거리를 활보했다는—이것은 의문의 여지가 있
는 기록이긴 하지만—사실만으로는 만족할 수 없다. 오히려
우리는 소크라테스가 어떤 영혼을 지니고 있었는지 음미해
보아야 한다.

그는 인간의 사악함에 어리석게 번민하지 않았으며, 경건
한 태도로 신을 공경하며 일생을 보냈다. 모든 사람들에게
공정했고, 그들의 무지에 노예처럼 굴복하지도 않았다. 그는
우주가 부여해 준 것을 의심없이 받아들였으며 인내심이 강
했고, 그의 이성은 보잘것없는 육체의 영향을 받지 않았으

므로 언제나 순결했다.

67

자연은 인간의 영혼이 자신의 한계를 분간하지 못하고 스스로 자기 일을 처리하지 못할 정도로 지성과 육체를 결합시켜 놓지는 않았다. 인간은 얼마든지 신성한 존재가 될 수 있는 데도 우리는 그 사실을 인식하지 못하고 있다. 이 점을 언제나 명심하라. 그리고 행복한 삶을 사는 데는 그다지 많은 것이 필요하지 않다는 점도 잊지 말도록 하라. 그리고 자연에 대해 모르는 것이 너무 많다고 해서, 자유롭고 겸손하며 사회에 기여하고 신의 의지에 순종하는 인간이 되겠다는 희망을 포기해서는 안 된다.

68

비록 온 세상이 당신을 욕하고, 야수들이 당신의 육체를 갈기갈기 찢는 일이 생기더라도 모든 강압에서 벗어나 평온하고 침착하라. 이러한 곤경에 부닥치더라도 영혼이 평온을 바라고 있는 한 주위의 모든 사물에 대해 올바른 판단을 내리고, 존재하는 대상을 유용하게 이용하려는 당신의 의지를 방해할 것은 아무것도 없다. 그러므로 세상 사람들이 당신을 어떻게 생각하든 당신의 본질은 변하지 않는 것이다. 그리고 현재 일어나고 있는 모든 일은 이성적·사회적인 미덕을 발휘하기 위한 좋은 기회임을 명심하라. 즉 이 세상 모든 일은 신의 주관에 의해 일어나는 것인 동시에 전혀 새로운 것도, 다루기 힘든 것도 아니다.

69

도덕적으로 완성된 인격은 마치 오늘이 마지막 날인 것처럼 매일매일을 보내며, 지나치게 흥분하거나 너무 냉담하지도 않으며, 위선을 부리지 않는 것에 있다.

70

영생하는 신들은 오랜 시간에 걸쳐 오늘날과 같은 인간들, 그리고 수많은 악인들에게 관용을 베풀었지만 결코 화를 내는 일이 없다. 뿐만 아니라 모든 방법을 동원해 인간을 도와 준다. 그런데 당신은 곧 사라질 운명인데도 형제들의 악행에 화를 내고 미워하고 있다. 더구나 당신도 그 악한 사람들 중의 한 사람이 아닌가!

71

인간은 어리석게도 자기 눈앞에 있는 악은 보지 못하고 오직 다른 사람들의 악에서 피하려고 애쓰고 있다. 자신의 악은 피할 수 있지만, 다른 사람들의 악으로부터 자신을 지킨다는 것은 불가능한 일이다.

72

당신의 이성 및 사회적 능력이 지적이나 사회적인 것이 아니라고 판단을 내린 것은, 무엇이든 자기보다 열등한 것이라 생각해도 틀리지 않는다.

73

당신이 선행을 베풀고 상대방이 그 도움을 받았다면 그것

으로 충분하다. 선행의 대가로 칭찬이나 보답을 바라는 것
은 어리석은 짓일 뿐이다.

74

이 세상의 그 누구도 이익을 얻는 일에 대해서는 싫증을
느끼지 않는다. 그런데 자연에 합당한 행위야말로 유익한
것이다. 그러므로 자연에 따라 행동하도록 하라. 다른 사람
으로부터 유익함을 얻었다면 그것을 다시 남에게 베푸는 일
에 결코 인색해서는 안 된다.

75

질서 정연한 우주를 만드는 것이 만물의 본성이다. 현재
일어나는 모든 일은 이 법칙에 따라 쉬지 않고 일어나는 것
임을 명심하라.

언제나 이 점을 상기하면 직면한 여러 가지 문제를 처리
하는 데 한결 마음의 평정을 얻을 수 있을 것이다.

제8권

1

당신이 당신의 전생애를, 아니 적어도 당신이 성년이 된 이후의 생애를 철학자답게 살아오지 않았다는 것은 다른 사람들과 마찬가지로 철학과는 동떨어진 생활을 해왔다는 것을 생각한다면 헛된 명예욕을 몰아내는 데 도움이 될 것이다. 당신은 이미 세속에 물들어, 철학자라는 명성을 쉽게 얻는다는 것은 불가능할 일이다. 그리고 인생은 끊임없이 당신에게 철학과 상반되는 영향을 미치고 있다.

이 모든 사실을 알았다면 남들이 당신을 어떻게 생각하든 관심을 갖지 말고 남은 생애를 본성이 원하는 대로 살 수 있다면 그것으로 만족하라. 본성이 원하는 것이 무엇인가를 잘 생각하고 그 밖의 일로 마음을 빼앗기지 말라. 당신은 여태껏 어느 곳에서도 행복을 찾지 못한 채 무작정 방황했던 경험을 갖고 있을 것이다. 훌륭한 인생이란 삼단논법, 부, 명성, 쾌락이나 그 밖의 어떤 것에서 발견되는 것이 아니다.

그렇다면 참된 행복은 어디에 있는가? 그것은 인간의 본성이 원하는 대로 행하는 것에 있다. 그렇다면 어떻게 행동하는 것이 본성이 원하는 대로 이행하는 것인가? 그것은 자신의 욕구와 행동에서 우러나온 원리를 가짐으로써 가능하다. 그렇다면 그 원리는 또 무엇인가? 그것은 선과 악에 관한 것이다. 즉 인간을 정의, 절제, 용기, 자유로 이끄는 것은 모두 선한 것이며, 이와 반대되는 것으로 이끄는 것은 악이라는 신념이 바로 그 원리이다.

2

어떤 행동을 할 때마다, 이 일이 나와 어떤 관계가 있으며 혹시 나중에 이러한 행동을 후회하지 않을 것인지 자기 자신에게 물어 보도록 하라. 머지않아 나는 세상을 떠나게 되고 모든 것은 사라질 것이다. 그러나 생존해 있는 동안만이라도 이성적 존재이며 사회적 존재, 그리고 신과 동일한 법칙의 지배를 받는 인간으로서 마땅히 해야 할 일을 하고 있다면 더 이상 무엇을 바라겠는가?

3

그러나 알렉산더(Alexander), 가유스(Gajus), 폼페이우(Pompeius)를 디오게네스(Diogenes), 헤라클레이토스(Herakleitos), 소크라테스와 비교하면 얼마나 초라한가? 후자의 사람들은 사물의 형상과 본체를 통찰하여 잘 알고 있었으며, 또 그들의 지배적 원리는 동일한 것이었다. 반면에 전자에 속한 사람들은 얼마나 많은 것을 열망했고, 또 얼마나 많은 것들의 노예가 되었던가.

4

비록 당신이 가슴이 미어지는 듯한 슬픔을 당했다 하더라도, 모든 사람들은 조금도 아랑곳하지 않고 여전히 같은 일만 되풀이하고 있다는 사실을 언제나 명심하라.

5

만물은 우주의 법칙에 따라 움직이고 있으며 당신도 얼마 후면 하드리아누스(Hadrianus ; 로마제국 시대 황제)나 아우구스투스(기원전 27년 카이우스 옥타비아누스 로마 원로원에서 받은 존호) 처럼 사라져 버릴 운명이다. 그러므로 제일 중요한 것은 마음이 흐트러지지 않도록 항상 평온을 유지하는 일이다. 다음으로 중요한 것은 당신이 하려는 일을 직시하여, 그 정체를 파악하는 일이다. 이와 동시에 선한 사람이 되는 것이 당신의 중요한 의무임을 상기하고, 지체없이 본성이 요구하는 대로 행동하라. 그리고 당신에게 가장 정당하게 생각되는 것을 겸손하고 진지하게, 그리고 솔직하게 말하라.

6

자연의 본성은 사물을 이쪽에서 저쪽으로 이동시키고, 그것을 교체시키며, 한 상태에서 다른 상태로 변화시키는 것이 그 임무이다. 이처럼 만물은 끊임없이 변하고 있다. 그렇다고 해서 새롭게 만들어진 것을 두려워할 필요는 전혀 없다. 왜냐하면 만물은 처음부터 똑같은 법칙에 의해 지배받고 있으며, 그 분배 역시 언제나 동일하기 때문이다.

7

모든 사람은 본성이 이끄는 대로 순조롭게 나아갈 때 자기 스스로 만족을 느낀다. 또한 이성적 본성은 당신을 그릇된 길로 인도하거나 혹은 거짓이나 불확실한 사상에 동의하지 않도록 하며, 모든 욕구를 오직 사회의 공익을 위한 행동에만 국한시키고 있다. 즉 이성은 모든 욕망을 자기 영향권 내에 있는 사물에만 국한시키며 자연이 할당한 모든 것을 기꺼이 받아들인다. 왜냐하면 모든 특수한 본성은 자연의 일부분이기 때문이다. 그것은 마치 잎의 본성이 식물 본성의 일부분인 것과 똑같다.

그런데 잎의 본성이 지각이나 이성이 없고 다른 것에 방해를 받을 수 있는 자연의 일 부분인데 반하여, 인간의 본성은 무엇에도 방해를 받지 않는 공정하고 지혜로운 자연의 한 부분이다.

자연은 모든 사람에게 그 가치, 시간과 실체, 원인(형상), 활동, 사건 등을 공정하게 분배한다.

이때 자연의 분배가 공평하다는 사실은 개개인에게 주어진 것이 모두 동등하다는 것이 아니라 한 사람에게 주어진 모든 것의 합이 다른 사람에게 주어진 모든 것의 합과 동등하다는 것이다.

8

당신에게는 학문에 정통할 수 있는 능력이나 여가가 없을지도 모른다. 그러나 오만을 억제할 수 있는 여가나 능력은 소유하고 있다. 또한 쾌락과 고통을 도외시하고, 헛된 명예욕을 초월할 수 있는 능력도 있다. 그리고 어리석고 감사할 줄 모르는 사람들 때문에 괴로워하지 않고 오히려 그들을 돕고 보살펴 줄 수 있는 여유가 있다.

9

공적, 혹은 사적 생활에 대한 당신의 불평을 더 이상 다른 사람이 듣지 못하도록 하라. 그리고 당신 자신도 그것을 결코 듣지 않도록 하라.

10

후회란 어떤 유익한 것을 소홀히 다루어서 놓쳐버린 것에 대한 일종의 자책과 같은 것이다.

선은 어떤 경우에나 유익한 것이므로 선한 사람이라면 마땅히 이것을 추구해야 한다. 선한 사람은 감각적 쾌락을 단호히 거부하고 결코 그 행동에 대해서 후회하지 않는다. 따라서 쾌락은 선도 아니며, 유익한 것도 아니다.

11

이 사물의 본성 또는 본질은 무엇인가? 그리고 이것의 실체와 원료는 무엇인가? 또한 그 원인은 무엇인가? 그것이 이 세상에서 하는 일은 무엇이며, 또 그것은 얼마나 오랫동안 존재할 것인가? 이 모든 것을 자기 자신에게 물어 보라.

12

잠자리에서 일어나기 싫을 때에는 사회에 도움이 되는 일을 하는 것이 인간 본성의 법칙에 따르는 것이며, 잠이란 이성이 없는 동물도 취하는 것임을 상기하도록 하라. 자신의 본성에 일치하는 일이야말로 무엇보다 참되고 어울리는 것이며 또한 보다 즐거운 일이다.

13

끊임없이, 그리고 가능하다면 사물을 바라볼 때마다 그것이 자기에게 끼칠 영향과 물리적·도덕적·논리적 분석에 의한 결과를 파악하고 응용하는 습관을 기르도록 하라.

14

어떤 사람과 만나든지 그 사람은 선악에 대해 어떤 견해를 가지고 있는지 먼저 생각해 보라. 쾌락, 고통과 그 원인, 명예와 불명예, 삶과 죽음에 대한 그들의 의견을 알게 된다면, 당신은 그들이 어떤 행동을 하더라도 놀라거나 당황하지 않을 것이다. 왜냐하면 그들은 오직 그렇게 행동할 수밖에 없다는 것을 알기 때문이다.

15

무화과나무에서 무화과가 열린다고 놀랄 사람은 아무도 없을 것이다. 이처럼 이 세상에서 당연히 일어나야 할 문제가 발생했다고 해서 놀라는 것도 우스운 일이다. 의사는 환자의 열이 높아도 놀라지 않으며 선장은 거센 파도가 밀려와도 놀라지 않는다.

16

다른 사람의 충고에 따라 그릇된 생각을 바로잡는 것이

자신의 독립성을 해치는 일이라고 생각해서는 안 된다. 왜
냐하면 그것은 거듭 생각하여 스스로 옳다고 판단한 연후에
내린 결정이기 때문이다.

17

만약 당신이 마음대로 선택할 수 있는 일이라면 무엇 때
문에 그 일을 비난하겠는가? 만약 당신의 능력으로 할 수
없는 일이라면 누구를 비난하겠는가? 원자(原子)를 비난할
것인가, 아니면 신을 비난할 것인가?

어느 쪽을 비난하든 그것은 어리석은 짓이다. 당신은 아
무도 비난하지 말아야 한다. 당신의 능력이 미친다면 그 잘
못을 바로잡으려고 노력해야 한다. 그러나 그것이 도저히
불가능한 일이라면 잘못의 원인만이라도 바로잡으려고 노력
해야 한다. 이것마저 불가능하다면 비난한다고 해서 무슨
소용이 있겠는가? 목적이 없는 일이라면 생각할 가치조차
없는 것이다.

18

사람이 죽는다고 해서 우주 밖으로 떨어져 나가는 것은
아니다. 죽은 후에도 그것은 여전히 우주 안에 남아 **변화의
과정**을 거쳐서, 우주의 구성 원소이며 인간을 구성하는 원
소이기도 한 본래의 원소로 분해될 뿐이다. 그리고 이것들
은 다시 다른 것으로 변하지만 결코 변화를 불평하지 **않는**
다.

19

이 세상에 존재하는 것들 중에 말이든 포도나무든 어떤 목적 없이 존재하는 것은 하나도 없다. 당신은 이 점에 대해 조금도 놀랄 필요가 없다. 태양조차도 나름대로 수행해야 할 일이 있기 때문에 존재한다고 말할 것이다. 또 다른 신들도 같은 말을 할 것이다.

그렇다면 당신의 목적은 무엇인가? 쾌락을 즐기기 위해 존재하고 있는가? 당신의 상식이 이런 생각을 허용하는지 한 번 생각해 보라.

20

자연은 만물의 시작과 과정, 그 결말까지도 섭리한다.

이는 마치 공을 던지는 사람과 같다. 그런데 공의 입장에서 생각할 때는 그것이 위로 던져졌다고 해서 더 좋아지며 다시 땅으로 떨어진다고 해서 더 해롭게 되는 것도 아니다. 또 거품이 일었다고 해서 무슨 좋은 일이 있으며, 거품이 사라졌다고 해서 무슨 해가 있겠는가?

생명의 등불에 대해서도 이와 같은 말을 할 수 있을 것이다.

21

육체의 실상을 한 번 살펴보라. 그것이 늙었을 때는 어떻게 될 것인가를 생각해 보라. 찬양하는 사람이나 찬양받는 사람이나, 기억하는 사람이나 기억되는 사람도 모두 잠시 세상에 머물다 갈 따름이다. 그리고 이러한 일은 이 지구의 작은 구석에서 일어나는 일에 불과하다. 그런데 이 한구석에서도 모든 사람이 동일한 의견을 갖는다는 것은, 아니 자기 자신이 한결 같은 의견을 갖는 것조차 불가능한 일이다. 더구나 지구 전체라 해도 우주에 비하면 한 점에 불과할 뿐인데 말이다.

22

눈앞에 닥친 문제가 물질이든, 행동이든 또는 원리이든 오직 정신을 집중하여 그 본질을 직시하라.

지금 당신이 난관에 부닥치게 된 것은 당신이 올바르게 되는 데 도움이 될 것이다. 왜냐하면 오늘 어떤 일을 성의 없이 처리하기보다는 내일 더욱 올바르게 해결하는 것이 낫기 때문이다.

23

나는 지금 무엇을 하고 있는가? 나는 인류에 봉사하는 것과 밀접한 일을 하고 있다. 나에게 어떤 일이 일어나고 있는가? 그것이 무엇이든 나는 그 일을 신과 만물의 근원인 우주의 본질과 연관시켜 받아들이고 있다.

24

당신은 목욕을 하면서 기름, 땀, 때, 더러운 물 등에 불쾌감을 느낄 것이다. 인생의 많은 일이나 만물의 여러 부분도 결국 이와 마찬가지이다.

25

루킬라(Lucilla ; 마르쿠스의 친어머니)는 베루스(Verus ; 마르쿠스의 친아버지)의 임종을 지켜보았으나 결국은 그녀 역시 죽고 말았다. 세쿤다(Secunda)는 막시무스(Maximus)의 임종을 지켜보았으나 결국은 그도 죽고 말았다.

에피틴카누스(Epitynchanus)는 디오티무스(Diotimus)의 임종을 지켜보았으나 마침내 그도 죽고 말았다.

안토니우스(Antoninus ; 로마의 황제)는 파우스티나(Faustina ; 안토니우스의 부인)를 매장시켜 주었으나, 그 역시 죽고 말았다. 켈레르(Celer ; 하드리아누스 황제의 시종으로 웅변가임)는 하드리아누스를 묻어 주었지만 그도 죽었다.

이러한 예지를 지닌 사람들, 예언자들, 교만하던 사람들은 지금 어디에 있는가? 카락스(Charax) 플라톤 학파의 디메트리우스(Demetrius), 에우다에몬(Eudaemon ; 그리스의 점성가) 등과 같이 명석한 두뇌를 자랑하던 사람들은 지금 어디에 있는가? 그들은 마치 하루살이처럼 이미 오래 전에 죽고 말았다. 어떤 사람들은 죽자마자 망각 속에 묻혀 버리고, 또 어떤 사람들은 전설상의 영웅으로 남아 후세에 전해지며, 또 어떤 사람들은 전설에서조차 찾아볼 수 없다. 그러므로 고깃덩어리에 지나지 않는 당신의 육체도 곧 분해되고, 당신의 가냘픈 호흡도 끊어져 어딘가 다른 곳으로 옮겨질 운명이라는 사실을 명심하라.

26

인간은 인간 본연의 일을 할 때 비로소 진정한 만족을 느낀다. 인간 본연의 일이란, 같은 동족에게 친절을 베풀고, 감각적인 욕망을 경멸하고, 그럴듯한 외모에 현혹되어 사물의 본질을 잘못 판단하지 않으며, 우주의 본성과 대자연이

하는 일을 관망하는 것이다.

27

당신과 다른 사물 사이에는 다음의 세 가지 관계가 있다. 첫째는 당신을 둘러싸고 있는 육체에 관한 것이고, 둘째는 만물의 근원인 대자연에서 일어나는 모든 일의 원인과의 관계이고, 셋째는 함께 생활하고 있는 주변 인간과의 관계이다.

28

고통은 육체에도 해롭고—그렇다면 육체로 하여금 그 의견을 말하게 하라—영혼에도 해롭다. 그러나 영혼은 자신의 안정과 평온을 유지하면서 고통을 악으로 받아들이지 않을 능력이 있다.

왜냐하면 모든 판단과 충동, 욕망, 혐오 등은 마음속에서 일어나며, 그 어떤 악도 본성을 따르는 그 높은 경지를 침범할 수 없기 때문이다.

29

항상 자기 자신에게 다음과 같이 말하면서 모든 망상을 깨끗이 몰아내라.

"나는 어떠한 악도 내 영혼 속으로 스며들지 못하게 할 수 있으며, 어떠한 욕망도 내 마음을 혼란스럽게 하지 못한다. 그리고 만물을 있는 그대로의 모습으로 통찰하고 각기 그 가치에 따라 모든 것을 이용할 수 있다." 자연은 당신에게 이러한 여러 능력을 주었다는 점을 언제나 명심하라.

30

원로원에서나 또는 어느 누구 앞에서라도 항상 조리 있게, 편견을 갖지 말고 공정하게 말하라. 사용하는 말 또한 건전하고 유익해야 한다.

31

아우구스투스(Augustus) 황제의 궁전 생활을 상상해 보라. 그의 아내, 딸, 자손, 조상, 형제, 아그립파(Agrippa ; 로마의 장군이며 정치가), 친척, 측근, 친구, 메케나스(Maecenas), 아레이우스(Areius), 의사, 고문 등 이 모든 사람들이 사라져 버려 지금은 어디에도 없다. 단지 한 사람의 죽음뿐만 아니라 폼페이(Pompeys) 일족과 같은 가문의 멸망을 상기하면서 인간의 운명에 대해 생각해 보라. 그리고 묘비에 새겨 놓은 '일족 중 마지막 사람'이라는 글귀를 읽을 때마다 우리의 선조들이 자손을 남기기 위해 얼마나 연연했는지 짐작할 수 있다. 그러나 누군가가 결국은 최후의 사람이 되어야만 한다. 더 나아가 전인류도 끝내는 멸망한다는 사실을 명심하도록 하라.

32

사소한 행동 하나하나가 모여 전체의 삶에 공헌하게 되는 것이다. 그리고 모든 행동이 가능한 범위 내에서 자신의 의무를 다한다면 그것으로 만족하라. 의무를 완수하려는 당신의 의지를 방해할 사람은 아무도 없다. 만일 외적인 그 무엇이 당신을 방해할지도 모른다고 근심한다면 그 무엇도 당신의 정당하고, 건전하고, 신중한 행동에는 영향을 미칠 수 없다는 사실을 명심하라.

그러나 어쩌면 불가항력적인 힘이 앞에 버티고 서서 방해할지도 모른다. 만일 그러한 일이 발생한다면 그 장애물을 눈감아 주고 당신의 능력이 미치는 다른 일에 노력을 돌려라.

방해받고 있는 활동 대신에 다른 일을 할 수 있는 기회가 생길 것이며, 바로 그것이 처음 의도한 바와 일치하는 일이다.

33

겸손하게 부귀영화를 받아들여라. 그러나 언제라도 미련 없이 넘길 각오를 해야 한다.

34

혹시 손이나 발이 잘려 나가 땅에서 뒹구는 광경을 본 적이 있는가? 자기에게 일어나는 일에 만족하지 못하고 다른 사람들로부터 동떨어져 반사회적인 활동을 하고 있는 사람들의 상태가 바로 이와 같은 것이다. 당신이 자연의 일부분으로 만들어졌으며, 그곳에서 생활하고 있음에도 불구하고 스스로 자연의 조화에서 이탈한다면, 그것은 스스로 당신의 팔이나 다리를 잘라 버리는 것과 같다.

그러나 아직도 당신에게는 아름다운 섭리가 작용하고 있어서 스스로 다시 자연의 통일성으로 되돌아갈 수 있는 능력이 있다. 신은 인간 이외의 다른 사물에 대해서는 일단 분리되고 떨어져 나간 것을 다시 결합시키는 능력을 허용하지 않았다. 그러나 인간에게는 그러한 자비를 베풀어 주셨다.

신은 인간이 우주로부터 분리될 수 없도록 만들었으며, 만약 분리되더라 다시 돌아와 일체를 이루고 우주의 일부분으로서의 역할을 완수할 수 있도록 배려하였다.

35

우주는 이성적 존재인 인간에게 거의 모든 능력을 주었다. 그 중에는 다음과 같이 귀중한 능력도 있다. 즉 우주의 본성은 그것을 방해하고 저항하는 모든 것들을 주어진 본래의 위치로 환원시켜서 자신의 일부로 삼는 것처럼, 인간에게 주어진 임무를 방해하는 모든 장애물을 본래의 목적을 달성하는 데 도움이 되는 재료로 이용할 수 있는 능력을 주었다.

36

당신의 지난 일생을 생각하여 스스로 자책감을 갖지 말라. 즉 앞으로 당신에게 닥칠지도 모를 여러 가지 고통을 한꺼번에 걱정하지 말라는 뜻이다. 그보다는 먼저 어떤 사건에 부닥칠 때마다, '이 일에 내가 감당할 수 없는 것이 있는가?'하고 자문해 보라. 그리고 만약 그렇다는 결론이 내려지면 당신은 심한 부끄러움을 느낄 것이다. 왜냐하면 이 세상에 당신이 도저히 참을 수 없는, 인내의 한계를 초월하는 문제는 결코 존재하지 않기 때문이다.

지금 당신을 괴롭히는 것은 과거도 미래의 문제도 아닌, 오직 현재 직면한 문제라는 사실을 명심하라. 그러나 이것도 자신의 영혼의 능력을 깨닫는다면 아주 보잘것없는 것이 되고 만다.

그 정도의 일조차 감당할 수 없다고 포기하고 만다면 가차없이 당신의 마음을 꾸짖으라.

37

오늘날에도 베루스의 무덤 앞에 그의 애첩 판테이아(Pantheia)나 노예 페르가무스(Pergamus)가 꿇어앉아 있는가? 또 카우리아누스나 디오티무스는 지금도 하드리아누스의 무덤 앞에서 눈물짓고 있는가? 이렇게 질문한다는 것 자체도 어리석고 우스운 일이다. 그러나 그들이 지금도 무덤 앞에서 울고 있다고 가정해 보자. 그렇다고 죽은 사람들이 그것을 알 수 있겠는가? 그러면 죽은 사람들이 그것을 알고 있다고 가정하자. 과연 그들이 기뻐하겠는가? 설사 그들이 기뻐한다 해도 죽은 사람이 다시 살아날 수는 없는 일이 아닌가! 결국 모두 부질없는 것일 뿐이다. 이 세상의 누구도 죽음에서 벗어날 수 없는 운명이기 때문이다.

38

한 철학자는 "만약 당신에게 날카로운 통찰력이 있다면 잘 관찰하여 현명한 판단을 내리라."고 말했다.

39

나는 이성적 동물의 본질에서 정의와 상반되는 덕을 찾을 수 없었다. 그러나 나는 쾌락을 멀리하는 덕을 보았다. 그것은 절제이다.

40

자신을 괴롭히고 있다고 생각되는 것들에 전혀 관심을 가지지 않는다면 당신은 그 무엇에도 상처받을 수 없는 안전한 지대에 있는 것이다. 이러한 것이 바로 이성이다. 그러나 나는 이성 그 자체는 아니라고 말할지도 모른다. 물론 그것은 당연한 말이다.

당신 몸의 다른 부분인, 곧 육체는 고통스러운 상태에 빠질 수 있다. 그럴 경우 육체는 당연히 고통을 하소연할 것이다. 그러나 그렇더라도 이성 자체가 자기 자신을 괴롭히는 일은 없도록 하라.

41

감각적 지각에 대한 장애는 모든 동물의 본성에 대하여 해악이 된다. 마찬가지로 욕망에 대한 장애 또한 동물의 본성에 대해서는 해악이다. 그리고 이와는 좀 차이가 있지만 식물의 본성에 대해서도 동물의 경우에서와 같이 장애와 해악이 되는 것이 있다. 또한 지성에 대한 장애 역시 영혼의 본성에 대하여 해악이 된다. 그렇다면 이러한 원리를 당신 자신에게 적용해 보라.

고통이나 감각적 쾌락이 당신에게 어떤 영향을 미치는가? 그것은 감각이 잘 알고 있다. 어떤 목적을 달성하려는 당신의 의지를 방해받은 적이 있는가? 만약 그것들이 당신의 영혼의 활동에 실제적인 장애물로서 작용한다면 그 장애는 이성적 동물인 당신에게 있어서 분명히 해악이라고 말할 수 있다. 그러나 사물의 통상적인 과정을 생각해 보면 당신은 해를 입은 것도 방해를 받은 것도 아니다.

당신의 영혼에 어떤 영향을 주거나 그 활동을 방해하고 고유의 영역을 침범할 수 있는 것은 아무것도 없다. 불도, 무력도, 폭군도, 비난도, 그 밖의 어떤 것도 영혼에 접근할 수 없기 때문이다.

인간의 이성은 이처럼 일단 원형으로 만들어진 이상 언제까지나 변하지 않고 계속 원형으로 존재한다.

42

자기 자신을 괴롭히는 것은 적합치 않다. 왜냐하면 나는 아직 한 번도 남을 의식적으로 괴롭힌 일이 없기 때문이다.

43

사람들마다 즐거움을 느끼는 것이 각기 다르다. 그러나 내 경우에는 나의 지배적 이성이 건전하므로 이 세상에서 일어나는 어떤 일도 피하거나 등을 돌리지 않고, 모든 것을 기꺼이 받아들이며, 그 가치에 따라 모든 것을 적합하게 이용할 때 참다운 기쁨을 느낀다.

44

현재에 충실한 사람이 되라. 사후의 명성을 추구하는 사람은 이러한 사실을 망각하고 있다. 즉 후세 사람들도 현재 모든 사람들이 고통받는 문제로 인해 똑같이 괴로워할 것이라는 사실을. 또한 그들 역시 곧 죽어야 할 운명이라는 것을 말이다. 후세 사람들이 당신에 대하여 어떤 말을 하든, 또 어떻게 생각하든 그것이 당신과 무슨 관련이 있는가?

45

나를 들어서 어디든지 당신이 원하는 곳으로 던져 보라. 그곳에서도 나는 본성을 깨끗하고 평온하게 유지할 것이다. 본성의 적합한 생각을 하고 행동한다면, 나는 어디서든지 **평온하고 만족할 것이다.**

이렇게 장소의 이동 때문에 나의 영혼이 괴로워하고 더 악화되고 위축되고 타락하며 겁쟁이가 될 필요가 있을까? 그리고 이 세상에 나의 영혼을 타락시킬 수 있는 요인이 과연 존재할 수 있을까?

46

그 누구에게도 비인간적인 일은 일어나지 않는다. 황소에게는 황소의 본성에 어긋난 일이 일어날 수 없으며, 포도나무에는 포도나무의 본성에 어긋난 일이 일어날 수 없으며, 돌에는 돌의 본성에 어긋난 일은 결코 일어나지 않는다. 이처럼 본성에 맞지 않는 일은 결코 일어나지 않는데 당신은 무엇 때문에 불평을 하는가? 인간의 본성은 자연의 본성과 일치되며, 자연은 당신이 참고 견딜 수 없는 일은 절대로 일으키지 않는다.

47

지금 당신이 외부적인 요인으로 인해 고통을 받는다면, 그것은 결코 외부적인 것 때문이 아니라 그것에 대한 당신의 판단이라는 사실을 깨달아야 한다. 그러나 당신에게는 그 잘못된 판단을 제거할 충분한 능력이 있다.

그리고 만약 당신을 괴롭히는 그것이 외부적인 요인이 아니라 당신의 마음속에 있다면 어느 누가 그 고통의 원인을 제거하는 것을 방해할 수 있겠는가? 또한 당신에게 올바르다고 생각되는 행동이나 어떤 의무에서 벗어났기 때문에 고통을 받고 있다면 당신은 왜 즉시 불평을 그만두고 올바른 행동을 하지 않는가?

당신의 힘으로는 제거할 수 없는 장애물이 앞을 가로막고 있기 때문인가? 그렇다면 그 일을 못하는 원인이 당신에게 있는 것이 아니므로 괴로워하지 말라. 만일 그 일을 할 수 없다면 살아갈 보람이 없다고 생각하는가? 그렇다면 그 장애물을 기꺼이 받아들이라. 그리고 자기가 해야 할 일을 다하고 죽는 사람처럼 즐겁고 홀가분한 마음으로 이 세상을 떠나도록 하라.

48

침착하게 마음을 가다듬고 자신의 뜻에 어긋나는 것을 굽히지 않고 단호히 거절한다면, 결코 지배적 능력을 굴복시키지 못할 것임을 명심하라. 만일 지배적 능력이 이성의 도움을 받아 신중하고 합리적인 판단을 내린다면 어떻게 되겠는가? 이런 경우라면 더 이상 말할 필요조차 없다. 이와 같이 정념(情念)에 흔들리지 않는 정신은 견고한 요새와도 같다. 그 어떠한 공격도 피할 수 있으며, 장래를 안전하게 맡길 수 있는 장소로서 이 요새보다 더 적합한 곳은 없다. 그러므로 이러한 사실을 모르고 있는 사람은 무지한 사람이요, 알고 있으면서도 그곳으로 피신하지 않는 사람은 불행한 사람이다.

49

첫인상 이상의 것을 마음에 담아 두지 말라. 가령 어떤 사람이 당신을 비난하더라는 말을 들었다고 가정해 보자. 그러나 그것은 전해 들은 말일 뿐이니, 실제로 당신이 피해를 입을지도 모른다고 과장해서 생각하면 안 된다. 나는 내 아이가 병들어 누워 있는 것을 볼 수 있지만, 아들의 병이 위독한지는 알지 못한다. 그럼에도 불구하고 당황하고 슬퍼하고 걱정한다면 그것은 바로 첫인상 이상의 것을 받아들였기 때문이다. 그러므로 언제나 첫인상 만을 받아들이고 그 이상의 상상을 첨가하지 말라. 그러면 당신에게 아무 일도 일어나지 않을 것이다. 그렇지 않으면 차라리 이 세상의 모든 일을 통찰하고 있는 사람처럼 어떤 것을 덧붙이도록 하라.

50

맛이 쓴 오이가 있다면 그 오이를 버려라. 길 한가운데 가시덤불이 있다면 그 장애물을 피해서 돌아가라. 그렇게 하는 것으로 충분하다. "이 세상에 왜 이런 것들이 생겨났을까?"하고 불평하지 말라. 그런 불평을 하면 자연을 잘 알고 있는 사람들로부터 비웃음을 받을 것이다. 왜냐하면 그것은 마치 목공이나 제화공의 작업장에 톱밥이나 가죽조각이 어지러이 널려 있다고 불평하는 것과 똑같기 때문이다. 그런데 목공이나 제화공들은 쓸모없는 것을 버릴 장소를 알고 있다. 그러나 자연은 그러한 것들을 처분할 여분의 공간이 없다. 그럼에도 불구하고 자연은 이와 같이 쓸모없는 것들을 훌륭하게 처리할 수 있는 위대한 능력을 지니고 있다. 즉 자연은 사물이 부패하거나 노쇠하거나 쓸모없이 되면, 그것을 변화시켜서 다시 새로운 것을 만들기 위한 재료로 삼는다. 따라서 자연은 외계로부터 어떤 물질을 받아들일 필요가 없으며, 쓰레기를 버릴 장소도 필요하지 않다. 자연은 그자신의 공간과 자기의 재료, 자기의 독특한 기술에 만족하는 것이다.

51

거친 행동을 일삼거나 대화에 핵심이 없거나 사상이 혼미해져서는 안 된다. 영혼이 내적 분란과 외적 혼란으로 인해 시달려 서는 안 되며, 지나치게 바쁜 생활을 하여 인생의 여유를 잃어서도 안 된다.

사람들이 당신을 고문하고, 육신을 갈기갈기 찢고, 저주한다고 상상해 보라. 그러한 것들이 영혼을 순결하고, 현명하고, 건전하고, 올바르게 가꾸려는 당신의 노력에 어떤 영향을 끼칠 수 있는가? 예를 들어 어떤 사람이 투명하고 맑은 물이 솟는 샘물가에서 온갖 욕설로 그 샘물을 저주한다 하더라도 샘물은 결코 맑은 물을 내뿜기를 멈추지 않을 것이다. 설사 그 속에 진흙이나 오물을 집어넣었다 해도 샘물은 곧 그것을 흘려 보내고 본래의 상태대로 맑아질 것이다.

어떻게 하면 우리도 이같이 영원히 더럽혀지지 않는 마음의 샘을 지닐 수 있을까? 언제나 성실하고 소박하고 겸손하게 행동하면 영원히 맑은 물이 샘솟는 샘물처럼 순결한 마음을 얻을 수 있을 것이다.

52

우주의 본성이 무엇인지 모르는 사람은 자신이 어디 있는지 알지 못한다. 대자연이 존재하는 목적이 무엇인지 모르는 사람은 자신이 어떤 존재이며, 우주가 무엇인지 알지 못한다.

이와 같은 것들을 이해하지 못하는 사람은 자신이 무엇 때문에 존재하고 있는지조차 알 수 없다. 그렇다면 자신이 어디에 있는지, 무엇 때문에 존재하는지도 모르는 사람들의 찬양을 탐하거나 또는 그들의 비난을 두려워하는 사람들을 당신은 어떻게 생각할 것인가?

53

당신은 한 시간에 세 번이나 자기 자신을 저주하는 사람들의 칭찬을 받고 싶은가? 자기 자신도 만족시키지 못하는 사람들을 즐겁게 해 주려고 노력하는가? 자기가 한 거의 대부분의 행동을 후회하는 사람이 어떻게 자신에게 만족할 수 있겠는가?

54

이제 당신의 호흡이 당신을 에워싼 공기와 조화를 이루는 데만 그치지 말고 당신의 지성이 만물을 포용하고 있는 이성과 자연스럽게 조화를 이루도록 하라. 왜냐하면 지성의 힘은 인간의 생존을 위해 존재하는 공기처럼 만물의 각 부분에 널리 퍼져 있어 이성을 받아들이려 하는 모든 것에 커다란 도움을 줄 수 있기 때문이다.

55

일반적으로 인간이 말하는 악덕은 우주에 전혀 해를 끼치지 않는다. 이처럼 어떤 한 사람의 악은 다른 사람들에게 영향을 주지 못한다. 악이란 단지 그것을 허용하고 받아들이는 사람에게만 해를 입히기 때문이다. 그렇지만 그런 사람도 스스로 원하기만 한다면 언제라도 그 악에서 풀려날 수 있는 능력을 지니고 있다.

56

나의 자유 의지는 이웃 사람들의 자유 의지와 전혀 무관하다. 그것은 그들의 호흡과 육체가 나와 직접적인 관계가 없는 것과 마찬가지다. 비록 우리가 각별한 상호의존의 관계에 있다 하더라도 우리들은 각기 나름대로의 할 일을 갖고 있다. 만약 그렇지 않다면 이웃 사람의 악은 나에게도 재앙이 될 것이다. 그러나 신은 다른 사람 때문에 나의 행복이 파괴되는 것을 원하지 않는다.

57

태양은 모든 방향으로 그 빛을 발산하고 있지만 결코 소모되지 않는다. 왜냐하면 쏟아져 내려 분산되는 것처럼 보이는 것이 바로 확장이기 때문이다. 태양 광선에 대해 알고 싶다면 좁은 공간을 통해 어두운 방으로 스며드는 것을 관찰하면 된다. 태양 광선은 일직선으로 뻗어 나가며, 어떤 고체가 앞을 가로막아 그 흐름을 방해하면 분산되어 다른 장소로 이동하는 것처럼 보인다. 그러나 좀더 세밀히 관찰해 보면 그 빛은 한 장소에 고정되는 것이지 미끄러져 나가거나 추락하는 것이 아님을 알 수 있다. 이해력의 유출도 이와 마찬가지로 결코 소멸되는 것이 아니라 단지 그 자체의 연장일 뿐이다.

당신의 생각이 어떤 난관에 부닥쳤을 때에는 격렬하고 난폭한 충돌을 일으켜서는 안 된다. 그렇다고 그 장애물을 피해서 다른 곳으로 사라져서도 안 된다. 오로지 그 생각은 마치 태양 광선처럼 조용히 이성을 받아들이는 곳에 고정하여 비추어야 하며, 그것을 받아들이지 않는다 해도 그냥 그곳에 머물러 있어야 한다.

58

죽음을 두려워하는 사람은 감각의 상실이나 또는 어떤 새로운 종류의 감각을 두려워하는 것이다. 그런데 사실 죽은 후에는 모든 감각이 사라지므로 당신은 아무 해악도 느끼지 못할 것이다.

그리고 만약 죽은 후에 어떤 다른 종류의 감각을 받아들일 수 있게 된다면 당신은 새로운 생명이 되어 계속해서 생존할 것이며 그것은 해악이 아니다.

59

이 세상에 존재하는 모든 인간은 서로 협력하기 위해 창조되었다. 그러므로 무지한 사람은 가르쳐 주고, 설사 그들이 저지르는 행위가 마음에 들지 않더라도 참고 견디어야 한다.

60

화살의 움직임과 정신의 움직임은 각기 다르다. 그럼에도 불구하고 정신을 집중해서 그 길을 살피거나 또는 연구에 몰두해 있을 때는 화살을 쏠 때와 마찬가지로 그 목표를 향해 똑바로 날려야 한다.

61

다른 사람들의 마음을 이해하도록 노력하라. 마찬가지로 다른 사람들로 하여금 당신의 지배적인 능력을 이해하도록 하라.

제9권

1

부정한 행동을 하는 사람은 죄악을 저지르는 것이다. 우주의 본성은 이성적 동물인 인간으로 하여금 서로의 능력에 따라 서로 협력하며, 결코 상대방에게 상처를 주어서는 안 된다고 규정지어 놓았기 때문이다.

따라서 이 본성의 섭리를 거스르는 사람은 신에게 씻을 수 없는 죄를 범하는 것이다. 거짓된 행동 역시 신에 대해 죄를 범하는 것이다.

우주의 본성은 모든 사물을 포함하고 있으며, 진실된 만물의 궁극적 원천인 이 자연의 또 다른 면이라면 바로 진리이다. 그러므로 일부러 거짓말을 하는 사람은 남을 속이는 부정한 행동과 마찬가지로 우주의 본성에 어긋난다. 그리고 본의 아닌 거짓말 또한 잘못이다. 그것도 우주의 본성에 어긋나며, 우주의 질서를 혼란스럽게 만들기 때문이다. 본의 아니게 거짓말을 하는 사람은 허위와 진실을 식별하는 능력을 자연으로부터 부여받았음에도 불구하고, 그 능력을 소홀히 했으므로 거짓과 진실을 구분하지 못하는 것이다.

이 밖에 쾌락을 선이라고 추구하고, 고통을 악이라고 생각하여 회피하는 사람 역시 죄를 범하고 있는 것이다. 이러한 사람은 틀림없이 자연의 처사가 불공평하다고 비난한다. 악인은 흔히 쾌락을 누리며 쾌락을 주는 많은 사물을 소유하고 있는데 반해, 선인은 그 역할로 인해 고통을 받으며 고통을 주는 사물을 소유할 뿐이라는 생각을 가지고 있다.

이 세상에서 흔히 일어나는 일에 대해 공포를 느끼고 고통을 두려워하는 행동 역시 잘못된 것이다. 그러한 사람은 쾌락을 위해서라면 명백히 죄가 되는 부정한 행동도 서슴지 않고 저지른다. 자연은 만물을 공평하게 다룬다. 만약 그렇지 않다면 자연은 고통과 쾌락이 동시에 존재하도록 만들지 않았을 것이다. 그러므로 자연과 동일한 마음, 즉 사물을 공정하게 취급하는 태도를 취함으로써 자연의 섭리에 순종할 수 있는 것이다. 반면에 고통과 쾌락, 삶과 죽음, 명예와 불명예 등 자연이 차별 없이 대하는 것들에 공평한 처사를 하지 못하는 사람은 명백한 잘못을 저지르는 것이다.

여기서 자연이 만물을 차별 없이 대한다는 것은, 자연에 의해 생겨난 모든 것과 끊임없이 창조되는 모든 세대는 똑같은 경험을 하게 된다는 의미이다. 왜냐하면 만물은 섭리의 근원적 운동에 의해 동일한 방법으로 태어나기 때문이다. 즉 지금 존재하고 있던 것들은 과거에 이미 존재했던 것을 재료로 삼아 창조되었으며, 이러한 원리에 의해 미래에도 동일한 것들이 존재하게 될 것이다.

2

위선, 사치, 거짓말 오만 등에 물들지 않고 이 세상을 떠나는 것이야말로 가장 바람직한 삶이다. 그러나 당신이 이미 이러한 것들을 충분히 경험했다면 재빨리 그것들로부터 떠나라. 그것만이 당신이 할 수 있는 최선의 방법이다. 아니면 당신은 차라리 악에 파묻혀 살기로 결심했는가? 아직도 이들 악성 열병들로부터 피신할 만큼 당신의 경험이 충분하지 못한가? 이성의 파괴야말로 우리를 둘러싸고 있는 공기의 오염이나 변질보다 훨씬 더 무서운 것이다. 인간이 단지 동물에 지나지 않는다면 이성의 파괴는 그의 생명만을 위협하겠지만, 인간이 이성을 지닌 이상 그것은 다른 인간의 본질에도 영향을 미치기 때문이다.

3

죽음을 두려워하지 말라. 죽음이란 자연의 한 과정일 뿐이라는 생각으로 오히려 즐겁게 받아들여라. 청년이 나이가 들어 노인이 되는 것처럼, 갓난아이가 시간이 지나 장년이 되어 수염이 나고 이윽고 백발이 되는 것처럼, 그리고 임신하고 배가 불러오고 마침내 새로운 생명이 탄생하는 것처럼, 그 밖의 다른 모든 현상과 마찬가지로 죽음 역시 자연의 한 과정에 지나지 않는다. 그러므로 죽음에 대해서 무관심하거나 두려워하거나 당황하지 말고, 침착하고 담담하게 받아들여라. 마치 임신부가 아이가 나올 때를 기다리고 있는 것처럼, 당신의 영혼이 육체라는 껍질에서 벗어날 때를 기다려라.

그러나 죽음에 대해 초연한 태도를 취하도록 도와 줄 어떤 것을 필요로 한다면, 당신이 곧 떠나게 될 이 세상이 어떤 것인지, 그리고 앞으로 더 이상 관계를 갖지 못할 이 세상 사람들의 성품을 한번 생각해 보라. 이러한 참모습을 깨달음으로써 당신은 죽음과 기꺼이 타협할 수 있을 것이다. 그러나 이 세상 모든 것이 보잘것없다고 해서 그것에 적대감을 품어서는 안 된다. 당신의 임무는 그들을 보살펴 주고 그들의 행동을 묵묵히 참고 견디는 것이다.

죽음은 당신과 동일한 원리를 지닌 사람들의 곁을 떠나는 것이 아니라는 사실을 명심하라. 만약 당신과 동일한 이성을 지닌 사람들과 함께 사는 것이 가능하다면—그것이 진정 허용된다면—그것만이 우리를 세상으로 되돌아오게 하며 삶에 애착을 느끼게 하는 유일한 것이다. 그러나 지금은 당신과 조화를 이루지 못하는 사람들과 함께 생활하는 것이 얼마나 피곤한 일인가를 잘 알고 있다. 그리하여 다음과 같이 말할 것이다.

"죽음이여, 어서 오라. 내가 나 자신의 본분을 망각하기 전에 어서."

4

다른 사람에게 죄를 짓는 것은 자기 자신에게 잘못을 저지르는 것과 같다. 부정한 행동은 자기 자신을 나쁘게 만들기 때문에 결과적으로 자신에게 죄를 짓는 셈이 된다.

5

사람들이 어떤 행동을 해야만 잘못을 저지르는 것은 아니다. 오히려 어떤 때는 아무 일도 하지 않는 것이 잘못일 수도 있다. 즉 그것은 자신의 의무를 태만히 했기 때문이다.

6

현재의 의견은 올바른 이성을 토대로 형성된 것이고, 현재의 행위가 사회에 유용한 것이며, 현재 일어나고 있는 모든 일에 만족하고 있다면 그것으로 충분하다.

7

쓸데없는 망상을 모두 털어 버려라. 모든 충동을 자제하라. 그리고 가진 바 능력을 힘껏 발휘하라.

8

이성이 없는 동물에게는 하나의 생명만이 있을 뿐이지만 이성적 동물에게는 지혜로운 영혼이 부여되어 있다. 마치 흙에서 생산되는 모든 사물이 지구라는 동일한 원천을 갖고 있는 것처럼, 시각과 생명을 가진 우리 모두는 동일한 빛을 통해서 보고, 동일한 공기를 통해서 호흡하며 살아간다.

9

공통점이 있는 것끼리 서로 결합하려는 성질은 만물의 본성이다. 흙의 성질을 가진 것은 모두 흙으로 향하고, 물의 성질이 있는 것은 서로를 향해 흘러가며, 공기의 성질을 가진 것 역시 마찬가지이다. 그러므로 그것들을 분리시키려면 강제나 폭력이 동원되어야 한다.

불은 하늘을 향해 타오른다. 또 모든 것을 함께 태우려는 성질이 강해서 연소를 방해하는 요소가 적은 건조한 물체를 발견하면 곧바로 태워 버린다. 우주의 이성을 분배받은 인간도 이와 마찬가지로, 혹은 그 이상으로 자기와 성질이 같은 것과 동일한 방향으로 움직인다.

인간은 다른 존재와 비교하여 월등히 뛰어나기 때문에 그만큼 쉽사리 이끌리고 융화된다. 하지만 재결합하려는 본성은 이성이 없는 동물에게서도 발견할 수 있으며, 어떤 의미로는 사랑도 찾아볼 수 있다. 즉 벌이나 가축은 무리를 지어 생활하며, 새들도 짝을 찾고 둥지를 짓는다. 이것은 동물에게도 영혼이 있기 때문이다. 그렇기 때문에 이러한 현상은 식물이나 무생물 등에서는 전혀 찾아볼 수 없다. 그러나 이성을 가지고 있는 인간은 정치적 단체, 우정, 가족, 집회, 전쟁중의 협상과 휴전 등과 같이 훨씬 고차원적인 사회생활을 한다. 그리고 인간의 보다 탁월한 능력은 마치 서로 떨어져 있는 별들이 전체적인 조화를 이루고 있는 것처럼 육체는 분리되어 있을지라도 굳게 결속된 공동 생활을 한다는 점이다. 이와 같이 인간은 서로 떨어져 있더라도 공감적인 유대 관계를 맺고 있는 것이다.

그러나 현실은 어떠한가? 오직 이성을 지닌 인간만이 이러한 상호간의 욕구와 열의를 망각하고 있으며, 서로 협력하려는 정신도 찾아볼 수 없다. 그러나 서로 결합하려는 본성은 매우 강해서 비록 인간이 한사코 그것을 기피하려고 해도 이러한 결합으로부터 벗어나진 못한다. 우리 주위를 유심히 살펴보면 이를 이해할 수 있을 것이다. 즉 사람들과 완전히 담을 쌓고 살아가는 사람은 없을 것이다.

10

인간도 신도 우주도 때가 되면 모두 결실을 맺는다. 포도나무나 그 밖의 다른 과일나무가 제각기 열매를 맺는 것처럼 인간의 이성은 자신을 위하여, 그리고 이 세상을 위하여 열매를 맺는다. 인간의 이성으로부터 그 본성에 맞는 여러 가지 미덕이 생겨나는 것이다.

11

만약 가능하다면 잘못을 저지르는 사람을 잘 타일러서 바로잡아 주라. 그것이 가능하지 않는 경우에도, 당신에게 관용이 부여되었다는 사실을 상기하라. 신들도 이러한 사람들에게 관용을 베푼다. 또한 신들은 일정한 목적을 달성하기 위해 건강과 부와 명예를 얻으려는 그들의 노력을 돕기도 한다. 이처럼 신들은 자비롭다. 그리고 당신 역시 그렇게 할 수 있다. 어느 누가 친절을 베풀려는 당신의 노력을 방해할 수 있겠는가!

12

열심히 일하라. 그러나 비참한 심정으로 마지못해 일하지는 말라. 또한 다른 사람에게 동정을 구하거나 칭찬을 받기 위하여 일하지는 말라. 다만 사회의 일원으로서 공공의 이익에 공헌하는 일만을 수행하라.

13

나는 오늘 온갖 괴로움에서 해방되었다. 아니, 오히려 내가 모든 근심을 몰아내 버렸다. 왜냐하면 근심은 외부에 있는 것이 아니라 내 마음속에 있기 때문이다.

14

이 세상 모든 것은 동일하다. 경험은 익숙한 것이고 시간은 덧없이 흐르는 것이며 사건은 무가치하다. 죽어 매장되어 있는 사람들의 시대와 현재의 모든 것은 조금도 다르지 않다.

15

사물은 자기 자신에 대해서는 아무것도 모르며, 또 어떤 의견에 대해 판단을 내릴 능력도 없기 때문에 완전히 따로 떨어져서 우리의 외부에 존재한다. 그러면 이런 사물에 대해 판단을 내리는 것은 무엇인가? 그것은 인간을 인도하고 지배하는 이성이다.

16

이성을 가진 사회적 동물은 자신의 감정에 의존하지 않고 스스로의 의지에 따라 좋아지기도 하고 나빠지기도 한다. 마치 이것은 밖으로 드러난 덕이나 악행이 감정의 산물이 아니라 의지의 산물인 것과 마찬가지이다.

17

공중으로 던져진 돌이 아래로 떨어지는 것을 나쁘다고 할 수 없듯 위로 올라가는 것도 선이 아니다.

18

사람들의 마음속 깊은 곳을 꿰뚫어 보라. 그러면 당신이 무엇을 두려워하고 있으며 그들의 비판이 어떻게 이루어지는지 알게 될 것이다.

19

만물은 변화한다. 당신 자신도 끊임없이 변하고 있으며 어떤 부분은 분해되고 있다. 우주 전체도 이와 마찬가지로 변화하고 있다.

20

다른 사람의 실수를 그냥 눈감아 주는 것이. 당신의 의무이다.

21

어떤 활동이 방해를 받아 정지되거나, 충동, 의견 등이 단절된다고 해서 거기에 어떤 해악이 존재하는 것은 아니다. 이제 당신의 생애를 생각해 보라. 즉 유년기, 소년기, 장년기, 노년기 등 이러한 각 시기의 모든 변화는 일종의 죽음이다. 그런데 당신은 이러한 변화를 두려워했는가?

할아버지 밑에서 생활하던 시절과 부모님 밑에서 생활하던 시절을 한 번 생각해 보라. 그것에 어떤 차이점이 있으며 한 시절이 끝나고 다른 시절로 넘어갈 때 어떤 변화가 있었는지 생각해 보라. 거기에 두려움이 있었는가?

마찬가지로 삶이 끝나거나 방해받거나 변화된다고 해서 두려워할 필요는 없는 것이다.

22

당신 자신의 이성과 우주의 이성, 그리고 이웃 사람들의 이성을 생각해 보라. 올바른 행동을 하기 위해서는 당신의 이성을, 우주에서 당신이 자리잡고 있는 부분을 알기 위해서는 우주의 이성을 알아야만 한다. 그리고 이웃 사람의 행동이 무지로 인한 것인지 아니면 분별력을 가지고 행동하는 것인지를 알기 위해서는, 또한 그들과 당신의 이성이 같은 것인지를 확인하기 위해서는 이웃 사람들의 이성을 알아야만 한다.

23

당신이 사회 조직의 한 구성원인 것처럼 당신의 모든 행동도 사회의 이익에 도움을 주는 것이어야 한다. 당신의 행동이 직접적이든 간접적이든 사회가 지향하는 목표와 아무 관계가 없다면 그것은 사회를 혼란시키고 통일을 방해하는 행위가 된다.

그것은 마치 어떤 단체에서 다양성을 무시한 채 자기 주장만을 내세워 전체의 분위기를 깨뜨리는 것과 다를 바 없는 것이다.

24

어린아이들의 말다툼과 유희, 그리고 시체를 짊어지고 다니는 가엾은 영혼—이것이 바로 인생이다. 그렇다면 이제 호메로스의 이야기 속에 등장하는 유령의 의미가 한층 더 실감날 것이다.

25

어떤 사물의 형상적 성질을 고찰하려면 우선 그 형태와 물질을 완전히 분리시키고 그 근본 속성을 알아내라. 다음에는 그 사물이 얼마만큼 지속될 수 있는가를 측정해 보라.

26

당신의 이성은 지배적 능력에 따라 마땅히 해야 할 일을 하고 있음에도 불구하고 그것으로 만족하지 않기 때문에 심한 고통을 겪고 있다. 그러나 지금도 늦지 않았다. 앞으로는 현실에 만족하고 생활해 나가면 되는 것이다.

27

당신을 비난하고 증오하는 사람들의 영혼에 접근하여 그 속마음을 고찰하고 그들이 어떠한 사람인지 알아보라. 그러면 그들이 당신을 어떻게 평가하든 전혀 문제시할 필요가 없음을 깨달을 것이다. 그러나 그들이 보잘것없는 영혼의 소유자라고 해서 적대심을 품거나 얕보아서는 안 된다. 왜냐하면 당신의 의무는 친구이며 이웃인 그들을 변함없이 관대하게 포용하는 것이기 때문이다. 그리고 신들도 꿈이나 신탁(神託)을 통해 그들이 가치 있다고 생각하는 것들이 성취될 수 있도록 도와 주고 있다.

28

우주의 주기적 운동은 예나 지금이나 변함 없이 계속되고 있다. 그리고 우주의 이성이 개별적인 결과를 초래하면서 이동한다면, 만약 이것이 사실이라 할지라도 당신은 그 운동의 결과에 만족해야만 한다. 아니면, 우주의 이성은 단 한 번 움직이고 그 밖의 모든 일은 어떤 인과 관계로 말미암아 생겨날 뿐이며, 이와 같이 갖가지 사건에 의해 또 다른 사건이 일어나는 것이다.

다시 말해서 만물은 각각 독립된 존재이거나 아니면 따로 따로 분리될 수 없는 전체이다. 만약 그 전체에 신이 존재한다면 모든 것은 순조롭게 진행 될 것이다. 그러나 이 우주를 만약 우연이 지배하고 있다면 당신은 그 지배에 따를 필요가 없다.

머지않아 시체로 변할 우리의 육체 위에 흙이 뿌려질 것이다. 그러나 때가 되면 그 흙은 다른 것으로 변할 것이며 그것은 다시 다른 것으로 변한다.

이러한 변화는 이 세상이 멸망하지 않는 한 영원히 계속될 것이다. 파도가 밀려와 순식간에 모든 것을 휩쓸어 가듯 끊임없는 변화와 변형을 생각하라. 이 세상 만물이 얼마나 신속히 사라져 버리는가!

29

우주 생성의 근본적인 원인은 마치 범람하는 강물과 같이 모든 것을 휩쓸어 간다. 그 속에서 정치에 열을 올리며, 참된 철학의 정신을 토대로 행동하고 있다고 자만하는 가련한 소인배들! 이 모두 철없는 소리를 지껄이는 바보에 불과하다. 그렇다면 인간은 무엇이며 무슨 일을 해야 하는가? 지금 자연이 요구하고 있는 것을 수행하라. 가능한 한 최대의 능력을 발휘하고 다른 사람의 인정을 받기 위해 두리번거리지 말라. 그리고 이 세상이 플라톤의 이상국가가 아닌 것을 불만스럽게 생각지 말라. 아무리 사소한 일이라도 순조롭게 진행되면 그것으로 만족하고, 작은 일이라고 업신여기지 말라. 도대체 누가 당신의 신념을 바꾸어 놓을 수 있겠는가! 신념의 변화가 없는 이상 속으로는 잔뜩 불만을 품고 있으면서도 순종하는 척하는 노예와 같은 인간만이 있을 뿐이다.

자, 나에게 알렉산더와 필립포스(Philipos), 팔레론(Phaleron)의 디메트리우스(Demetrius)에 관한 이야기를 들려다오. 그들이 일반적인 본성이 요구하는 것을 알고 그것에 따라 수양을 했는지는 내가 관여할 문제가 아니다. 그러나 만약 그들의 행동이 인생이라는 거대한 무대에서 단지 한 배역에 불과했다면 그들을 흉내냈다고 해서 나를 비난할 사람은 아무도 없을 것이다. 철학이란 단순하고 겸손한 것이다. 나를 교만과 허세로 현혹시키지 말라.

30

헤아릴 수 없이 많은 인간들, 무수한 종교적 의식, 폭풍우와 맑은 날을 가리지 않는 계속된 항해, 태어나서 함께 살다가 사라져 버리는 사람들의 천태만상을 높은 곳에서 내려다보라. 그리고 이미 지나간 세대의 생활과 당신이 죽은 후에 태어나 살아갈 사람들의 생활, 현재 살아가고 있는 어리석고 무지한 인간들의 생활을 비교해 보라.

당신의 이름, 아니 당신이 존재한다는 사실조차 까맣게 모르고 있는 그 수많은 사람들! 아니, 설사 당신을 알고 찬양하고 있을지라도 그들은 얼마나 빠르게 망각의 늪으로 빠져들고 있는가. 이런 속에서 다른 사람의 찬양이나 또는 후

세까지 자기 이름이 길이 남겨지기를 바라는 것은 모두 덧
없는 소원에 불과할 뿐임을 명심하라.

31

외부로부터 어떤 고통을 받더라도 동요되지 말라. 그러나
내부의 원인으로 인해 일어난 일은 정의롭게 대처해야만 된
다. 즉 모든 행동이나 생각은 공공의 이익에 공헌하는 것이
어야 한다. 그것이 바로 당신의 본성에 적합한 것이기 때문
이다.

32

당신은 여러 가지 불필요한 고민의 싹을 없애 버릴 수 있
다. 왜냐하면 이러한 것들은 전적으로 당신의 생각에 좌우
되기 때문이다. 당신의 마음속에 깃들여 있는 전우주를 이
해하고, 끊임없이 지속되는 시간을 관조하며, 모든 사물의
신속한 변화를 생각하라.

태어나서 죽을 때까지의 시간이 얼마나 짧으며 태어나기
전의 시간과 또 소멸 이후의 시간이 얼마나 무한하고 끝이
없는가를 상기하라. 그렇게 하면 당신은 여유를 가질 수 있
을 것이다.

33

현재 당신의 눈앞에 있는 모든 사물은 곧 사라져 버릴 것
이며, 이러한 소멸을 바라보고 있던 사람들 역시 순식간에
소멸할 것이다. 그렇다면 장수한 사람과 요절한 사람 사이
에 무슨 차이가 있단 말인가?

34

당신 주변에 있는 사람들의 지배적 원리를 한 번 생각해 보라. 그들은 어떤 종류의 일에 열중하고 있으며, 그들이 가장 좋아하고 가치 있다고 생각하는 것은 무엇이며 또 그렇게 생각하는 이유는 무엇인가? 당신이 그들 영혼의 벌거벗은 모습을 보고 있다고 상상해 보라. 아직까지도 그들의 칭찬으로 인해 용기를 얻고, 비난으로 상처를 입는다고 생각했다면, 이 얼마나 엄청난 착각이겠는가!

35

죽음은 변화에 지나지 않으며, 변화는 우주적 자연의 기쁨이다. 우주의 생성 이래 모든 것은 자연의 뜻에 따라 오늘날과 같은 상태를 되풀이하여 왔으며, 앞으로도 변함없이 같은 일을 되풀이할 것이다.

그래도 당신은 이 세상의 모든 일은 악이며, 많은 신들이 이러한 사태를 바로잡기 위해 노력했으나 헛된 것이었으며, 세계는 끊임없이 악에 시달리게끔 저주받았다고 말할 수 있겠는가?

36

반드시 부패되도록 운명지어진 모든 물질은 증기, 먼지, 뼈, 오물로부터 비롯된 것이다. 값비싼 대리석은 흙이 굳어서 된 것이며, 금과 은은 흙의 침전물이며, 의복은 한줌의 털로 짜여진 것이며, 자줏빛 염료는 피로 만들어진 것이며, 그 밖의 모든 것도 예외는 아니다. 우리들의 호흡도 이와 같이 이것에서 저것으로 변화한다.

37

비참한 삶, 불평과 불만, 원숭이 같은 잔재주—이것이 바로 인생이다.

그런데 당신은 무엇 때문에 마음을 어지럽히는가? 이 세상 어느 곳에도 새로이 일어나는 것은 없다. 그렇다면 당신을 불안하게 만드는 것은 무엇인가? 사물의 형상인가, 아니면 질료(質料)인가? 자세히 살펴보라. 얼마 지나지 않아 사라져 버릴 형상과 질료 이외에는 아무것도 없다.

그러므로 이제는 신 앞에서도 부끄러움이 없도록 남은 생애를 소박하고 선량하게 살아가라.

3년을 살든, 백 년을 살든 결국 당신이 배워야 할 교훈은 동일한 것이 아니겠는가?

38

어떤 사람이든 잘못을 저지르면 그 해악은 스스로에게 돌아간다. 그러나 어쩌면 그는 잘못을 저지르지 않았을지도 모르는 일이다.

39

모든 사물은 유일한 이성적 근원으로부터 생겨나 끊임없이 변화하다가 마침내 어느 한 곳으로 귀착된다. 그러나 그 안에서 발생하는 어떤 일도 불평해서는 안 된다. 왜냐하면 거기에서 일어나는 모든 일은 전체의 이익을 위한 것이기 때문이다.

만약 이 우주가 단지 원자의 무질서한 집합체라면 거기에는 오직 혼합과 분산, 우연만이 있을 것이다. 그렇다면 당신은 무엇 때문에 마음의 동요를 느끼는가? 당신을 인도하는 이성에게 말하라.

"이성이여, 그대는 죽었는가? 부패되었는가? 그대가 나를 인도하는 것이 아닌가? 그대는 한낱 들짐승 같은 존재가 되어 짐승떼와 같이 풀을 뜯고 있겠는가?"

40

신들은 절대적인 능력이 있거나 없거나 둘 중의 하나이다. 만약 신들에게 능력이 없다면 당신은 무엇 때문에 기도를 하는가? 만약 신들에게 기도를 드리면서 무엇을 해달라고 애걸하거나 원하는 것을 소유할 수 있도록 도와 달라고 기도하기 보다는, 어떤 일이 일어나도 두려워하지 않는 힘을, 그리고 욕망을 억제할 수 있는 힘을 달라고 기도하라. 신들이 인간을 돕게 된다면 그들은 반드시 후자의 방법을 선택할 것이다. 그러면 당신은 이렇게 말할지도 모른다.

"그런 식의 기도문은 모두 내 스스로 할 수 있는 일이 아닌가?"

그렇다. 분명히 당신의 힘으로 가능한 일이다. 그러므로 노예처럼 비굴한 태도로 불가능한 것을 요구하는 것보다는 자유롭게 당신의 능력을 활용하는 편이 훨씬 더 좋다. 그리고 신은 인간이 스스로 해결할 수 있는 일에 대해서는 결코 도움을 주지 않는다.

소유하고 싶은 것이 있으면 다음과 같이 기도하라. 그러면 원하는 것을 얻게 될 것이다. 어떤 사람이 "저 여자와 동침할 수 있도록 도와 주십시오."라고 기도할 때 당신은 "저 여자와 동침하려는 욕망을 억제할 힘을 주십시오."라고 기도하라. 그리고 또 다른 사람이 "이 상태에서 벗어날 수 있도록 도와 주십시오."라고 기도할 때 당신은 "이 상태에서 벗어나려는 나의 욕망을 제거해 주십시오."라고 기도하라. 또 누군가가 "내 가엾은 아이를 죽음으로부터 구원해 주십시오."라고 기도하면, 당신은 "아이의 죽음을 두려워하지 않도록 용기를 주십시오."라고 기도하라.

41

에피쿠로스(Epikuros)는 "내가 병으로 누워 있을 때 나는 육신의 고통에 대해 호소하지 않았다. 나에게 문병을 온 사람들에게도 그런 말은 결코 입밖에 내지 않았으며 오히려 예전처럼 사물의 본성과 자연의 원리에 대하여 계속 토론했다. 특히 나는 어떻게 하면 인간의 정신이 가냘픈 육체 속에서 이루어지는 운동(병)에 관여하면서도 동요하지 않고 그 고유의 선을 추구할 수 있는가 하는 문제에 중점을 두었다."라고 말한다.

에피쿠로스 또 "그리고 나는 의사들에게 마치 위대한 일이나 하는 듯한 심각한 표정을 지을 기회도 주지 않았다. 나의 행동은 평상시와 조금도 다름없었으며 병들기 전과 마찬가지로 행복하고 즐거웠다."라고 계속 말한다.

만약 병에 걸리거나 그 밖에 어떤 곤경에 처하게 되면 에피쿠로스의 행동을 본받도록 하라. 사소한 일로 인해 철학을 멀리하지 말라. 무지한 사람이나 자연을 잘 모르는 사람들의 쓸데없는 대화에 참여하지 말라는 것은 모든 학파에 공통된 원칙이다. 오로지 현재 당신이 하고 있는 것과 그 일을 잘 이행하기 위한 수단에만 유의하라.

42

어떤 사람의 상식을 벗어난 행동으로 인해 화가 났을 때에는 즉시 다음과 같이 자문하라.

"무례한 자가 존재하지 않는 세상이 있을 수 있을까?"

그것은 불가능하다. 염치없는 자 또한 이 세상에 필연적으로 존재해야 될 사람 중의 하나이기 때문이다. 그러므로 불가능한 것을 요구하지 말라.

악한이나 신의가 없는 사람, 그 밖의 불성실한 사람을 대할 때마다 그러한 종류의 사람도 반드시 있게 마련인 존재에 지나지 않는다는 사실을 언제나 기억하라. 그렇게 생각함으로써 당신은 그들에게 좀더 관대한 태도를 취할 수 있을 것이다. 또한 그러한 사람을 만날 때마다 자연은 우리에게 악행 뿐만 아니라 그와 상반되는 미덕도 주었다는 사실을 상기한다면 많은 도움이 될 것이다. 자연은 인간에게 몰상식한 사람에 대한 해독제로서 친절을, 어리석은 사람에 대한 해독제로서 관용을 주었다. 당신은 빗나간 사람을 잘 타일러서 바로잡아 줄 수 있다. 그들은 잠시 자신의 진정한 목적을 망각했기 때문에 그와 같은 잘못을 저지른 것이다.

그런데 당신은 그들로 인해 어떤 피해를 입었는가? 당신을 화나게 만든 사람 중에서 아무도 당신의 본성을 해롭게 한 사람은 찾아낼 수 없을 것이다. 만약 그들로 인해 당신이 피해를 입었다고 생각한다면 그것은 당신의 잘못된 판단이며, 따라서 잘못은 당신 자신에게 있다는 사실을 명심하라. 교양이 없는 사람이 상식 밖의 행동을 했다면 그것은 오히려 당연한 일이다. 당신은 상대방이 어떤 행동을 할 것인가를 미리 예측할 수 있었다. 그럼에도 불구하고 그것을 잊고 있었기 때문에 그들의 행동에 당황한 것이다.

당신이 어떤 사람을 믿을 수 없다거나 배은망덕한 사람이
라고 비난할 경우에는 우선 당신 자신부터 반성하라. 왜냐
하면 상대방이 신용을 지키리라 믿은 것도, 또 그들에게 친
절을 베풀고 그 보답을 기대한 것도 당신이기 때문이다.

누군가에게 친절히 대했거나 도움을 주었다면 그것으로
만족하라. 그 이상 무엇을 더 원하겠는가? 당신의 본성에 따
라 좋은 일을 했다면 그것으로 충분하다. 대가를 바라는 것
은 마치 눈이 본다고 해서 대가를, 발이 걷는다고 해서 대가
를 요구하는 것과 다름이 없다. 이 세상에 존재하는 모든 것
들은 일정한 목적을 위해 만들어졌으며, 그 본래의 목적에
맞게 활동하는 것이 당연한 의무이다.

인간은 자기의 동료들에게 친절을 베풀거나 봉사하도록
창조되었다. 그러므로 인간은 남에게 친절을 베풀거나 공공
의 이익에 공헌하였을 때 비로소 자기의 본분을 다한 것이
며 또한 보상을 받은 것이라고 할 수 있다.

제10권

오, 나의 영혼이여! 그대는 선하고 단순하며 주어진 모든 것을 기쁘게 받아들인다. 그대의 순결한 눈은 그대를 둘러싸고 있는 육체의 눈보다 더욱 적나라하게 사물을 꿰뚫어본다. 그대에게는 사랑이 넘치는 자애로운 마음이 있다.

그대는 만족으로 가득 차 있어 더 이상 아무것도 원하지 않는다. 특히 쾌락을 즐기기 위하여 생명체나 재물을 탐하지도 않으며 지나치게 오래 살기를 바라지도 않는다. 또한 일신의 즐거움을 위해 쾌적한 환경이나 적당한 기후, 그리고 마음에 맞는 사람만을 열망하지도 않는다. 그대는 현재의 상태에 만족하고, 소유하고 있는 모든 것에서 즐거움을 찾는다.

그대에게 주어진 것은 모두 신으로부터 온 것이며 그대를 위해 존재한다고 생각한다. 신이 선이라고 생각하는 것은 그대 또한 저항없이 선한 것으로 받아들인다. 그리고 만물은 가장 선하고 가장 공정하고 가장 아름다운 것, 즉 살아 있는 우주의 안전과 이익을 위해 그 뜻에 따른다는 사실을 알고 있다. 또 신은 모든 것에 생명을 불어넣고 유지하고, 이것이 분해되면 다시 동일한 것으로 만들어 내기 위해 만물을 보호한다는 사실을 깨닫고 있다.

그대는 신과 인간이 함께 생활하기에 적당하다고 생각하며, 신에게 일말의 불만도 없고, 신 역시 그대에게 단 한마디의 비난도 하지 않는다.

2

대자연의 지배를 받고 있는 이상 당신의 본성이 무엇을 요구하고 있는지 잘 살펴보라. 그리고 한 생명체인 당신이 손상될 우려가 없는 한 언제나 본성의 요구를 순순히 받아들여라. 그리고 다음에 유의해야 할 것은 당신 자신의 요구가 무엇인지 파악하는 일이다. 그 요구로 인해 이성적 본성이 해를 입을 염려가 없다면 그것을 그대로 받아들이라. 다른 것에 헛된 노력을 기울이지 말고 위의 규칙을 준수하라.

3

만약 무슨 일이 일어나더라도 결코 당황하거나 불평하지 말라. 자연이 당신을 위해 미리 마련해 놓은 일이든 아니든 간에 자연은 당신에게 참을 수 있는 능력을 주었다.

그러나 도저히 참을 수 없을 것 같은 일이 일어나더라도 결코 화를 내서는 안 된다. 분노는 결국 자기 자신을 소모시킬 따름이다.

모든 것은 당신의 생각에 따라 변한다. 어떤 일이든 당신

에게 유익하며 그것을 참고 견디는 것이 당신의 의무라고
생각하라. 그리고 실제로 자연은 당신에게 인내할 수 있는
능력을 주었다.

4

만약 어떤 사람이 잘못을 하면 친절하게 타이르고 그의
잘못을 가르쳐 주어라. 그러나 그가 당신의 충고를 기쁘게
받아들이지 않더라도 그를 탓하지 말고 당신 자신을 책망하
라. 결코 다른 사람을 원망해서는 안 된다.

5

당신에게 무슨 일인가 일어난다면, 그것은 이 우주가 생
성될 당시부터 이미 준비된 것이다.

그리고 여러 가지 원인들이 서로 관련을 맺으면서, 아득
히 먼 옛날부터 당신에게 일어나는 사소한 문제까지 조성하
고 있었음을 항상 명심하라.

6

우주가 원자들의 무질서한 집합이든 신의 섭리에 따라 존
재하는 질서 정연한 조직이든 다음의 두 가지 사실을 확신
해야 한다.

첫째, 나는 자연이 지배하는 전체의 일부분이며 둘째, 나
는 나의 동류들과 끊을 래야 끊을 수 없는 깊은 관계를 맺
고 있다는 사실을 깨달아야 한다.

인간이 자연의 일부분인 이상 나는 자연으로부터 부여받
은 일에 불만을 품어서는 안 된다. 왜냐하면 우주라는 전체

에 유익한 것이라면 부분에 대해서도 해가 되지 않기 때문이다. 이 원칙은 자연의 모든 조직에 적용되는 것이다. 그리고 우주의 본성은 외적인 원인으로 인해 자신에게 해로운 일을 억지로 받아들이는 법이 없다.

나는 이러한 우주의 일부분이다. 그러므로 나는 이 세상에서 일어나는 어떠한 일도 기꺼이 받아들일 수 있다. 또한 내가 나의 동류들과 밀접한 유대 관계를 맺고 있는 이상 나는 결코 반사회적인 행동을 하지 않을 것이며 오히려 공공의 이익을 위해 적극 노력하고 이에 위배되는 일은 가까이 하지이 말 것이다.

언제나 이런 마음가짐으로 모든 일을 처리한다면 당신의 인생은 반드시 행복해질 것이다. 그것은 마치 동료 시민들을 위해 계속 봉사하고 국가가 어떤 일을 맡기더라도 그것을 기꺼이 받아들이는 시민의 생활이 행복한 것과 마찬가지다.

7

이 세상의 모든 것, 즉 우주에 포함되어 있는 모든 사물은 반드시 소멸되고 만다. 이때의 소멸은 변화한다는 뜻이다. 만약 이와 같은 필연적인 변화가 악이라면 이 우주는 순조롭게 좋은 상태를 유지할 수 없을 것이다.

왜냐하면 각 부분은 끊임없이 변화하고 여러 가지 방법으로 소멸되도록 운명지어져 있기 때문이다. 이러한 부분이 변화하여 소멸된다면 어떻게 지금까지 우주가 순조롭게 유지될 수 있었겠는가?

그렇다면 자연은 고의적으로 자신의 일부분인 각 부분에

해를 끼치고 악을 저지르게 하고, 필연적으로 파멸하도록 인도 하는 것인가? 아니면 자연 스스로도 그런 일이 발생할 것이라는 사실을 모르고 있는 것인가? 이와 같은 가정은 믿을 수가 없다. 이번에는 자연 그 자체를 완전히 무시하고 모든 일은 창조의 질서에 의해 일어나는 자연스런 현상이라고 가정해 보자. 그러나 이것은 문제의 핵심에서 너무나 동떨어진 것이다. 왜냐하면 전체의 각 부분은 필연적으로 변화하도록 되어 있다고 생각하면서 막상 그런 현상이 벌어지면 그 변화가 마치 자연에 위배되는 일인 양 당황하고 안절부절못하는 것은 매우 큰 모순이기 때문이다.

그러므로 만약 사물의 분해가 나를 구성하고 있는 원소들의 단순한 흩어짐에 불과하다면, 거친 육체는 흙의 형태로 변할 것이며, 호흡은 공기의 형태로 변할 것이다. 이러한 변화의 과정을 거친 후에 모든 것은 우주의 본체 속으로 되돌아가며 우주는 그것들을 재료로 하여 다시 새로운 것을 만들어 낼 수 있는 것이다. 그 변화가 불에 의한 주기적인 생성이든 소멸의 과정이든, 또는 끊임없는 변화를 통해 계속 새로움을 유지하는 것이든 마찬가지이다.

그러나 이들 입자들이 신성한 것이든 유치한 것이든 우리가 태어날 때 받아들인 것과 반드시 일치해야 된다고는 생각지 말라. 왜냐하면 나는 어제 또는 그저께 섭취한 음식이나 수없이 들이마신 공기로 인해 항상 쉽게 변화할 수 있기 때문이다.

따라서 변화하는 것은 나중에 흡수한 것일 뿐 당신이 세상에 태어날 때 어머니에게서 받은 물질이 변화되는 것은 아니다. 그것은 태고적부터 존재해 온 보다 근본적인 물질의 변화를 가리키는 것이다. 우주에 존재하는 모든 사물이 변화하고 소멸되는 것이 우주의 본성임을 항상 명심하도록 하라.

8

다른 사람들로부터 선량하고 겸손하고 사려 깊고 침착하고 도량이 넓은 사람이라는 칭찬을 받았을 때는, 그런 칭찬에 부끄럽지 않도록 신중하게 행동해야 한다. 그리고 그러한 칭송을 상실하는 경우에는 서둘러 그것을 다시 회복하도록 노력해야 한다.

'사려 깊다'는 말은 모든 사물을 세밀하게 관찰함으로써 결코 경솔하게 판단하는 법이 없다는 뜻이다. '침착하다'는 말은 일반적인 본성이 당신에게 부여하는 모든 것들을 자진해서, 그러나 조심스럽게 받아들인다는 뜻이며, '도량이 넓다'는 말은 쾌락이나 고통을 느끼는 육체의 감각에 마음이 동하지 않고 명성, 죽음 등 정신을 교란시키는 것들을 하찮은 것으로 치부하는 고매한 지성을 뜻하는 말이다.

이 모든 미덕을 가꾸고 유지하도록 언제나 노력하라. 만약 당신이 다른 사람들로부터 좋은 평판을 듣기 위해 무리하게 행동하지 않고 오직 이성으로써 이러한 칭송을 듣고 잘 유지한다면, 당신은 전혀 다른 사람이 되어 새로운 삶을 시작하게 될 것이다. 고통과 타락에 젖은 이제까지의 생활을 계속하는 것은 어리석고 무기력한 인간이나 행하는 일이다.

그러한 사람은 마치 맹수와의 싸움에서 치명적인 상처를 입고 피로 온몸을 적신 비참한 몰골임에도, 그리고 그가 살아 있는 동안은 앞으로도 오늘과 마찬가지로 만신창이가 되리라는 사실을 뻔히 알면서도 제발 내일까지만 살려달라고 애원하는 검투사와 같다.

그러므로 앞에서 열거한 몇 가지 명칭을 지키도록 노력하라. 만약 그럴 수만 있다면 당신은 행복의 섬으로 가는 배에 승선한 것이나 다름없다. 그러나 만약 그것을 유지할 만한 능력이 부족하다고 생각될 경우에는 지체하지 말고 자신을 보존시킬 수 있는 안전하고 고요한 곳으로 가도록 하라.

그리고 당신에게 그럴 능력이 전혀 없다고 판단되면 일시적인 충동이 아니라 자유롭고 단순한 상태에서 겸손하게 이 세상을 떠나라. 적어도 이와 같은 훌륭한 태도만을 보여 주고 이 세상을 떠나라.

그러나 이와 같은 미덕을 계속 유지하고 기억하기 위해서는 항상 신을 생각하고 그가 당신에게 요구하는 것이 무엇인지 파악하는 것이 중요하다. 신은 아첨을 원하지 않으며 이성적 존재인 인간이 자신과 동일한 존재가 되기를 바라고 있다. 무화과나무가 무화과나무의 본분을, 개가 개의 본분을, 꿀벌이 꿀벌의 본분을 다하는 것처럼 인간은 인간답게 자신의 본성을 살려야 한다.

9

당신 주위를 둘러싸고 있는 희극, 전쟁, 공포, 허탈, 비굴함 등 온갖 어리석은 것들이 당신의 신성(神性)을 소멸시키고 있다. 이러한 속에서 당신이 해야 할 일은 무엇인가? 주위에서 일어나는 일을 완벽하게 처리할 수 있는 능력을 키우는 일과 사물의 미세한 부분까지 신중하고 자세히 파악하여 얻은 확신으로 본성을 유지하는 것이 당신의 임무이다.

당신은 언제나 성실하고 신중하게 행동함으로써 행복을 얻으려고 하는가? 그리고 각각의 사물에 대해 그 실체는 무엇이고 우주에서 어떤 위치를 차지하고 있는가, 얼마나 오랫동안 존재할 수 있으며 또 그 구성 요소는 무엇인가, 누구에게 속해 있으며 이 사물을 주거나 빼앗을 수 있는 사람은 누구인가에 대한 지식을 언제나 얻을 수 있다고 생각하는가?

10

거미는 파리를 잡으면 자랑스러워하며 뽐낸다. 이러한 사실과 마찬가지로 어떤 사람은 산토끼를 잡았을 때, 어떤 사람은 그물로 작은 물고기를 잡았을 때, 어떤 사람은 곰을 잡았을 때 어떤 사람은 사마티아인(다뉴브 강가에 살고 있던 야만족인 슬라브 족의 한 종족)을 잡았을 때 매우 자랑스러워 한다. 그러나 그들의 의도를 냉철히 판단한다면 그들은 모두 강도가 아닌가?

11

만물은 어떻게 변화하고 있는가? 그 과정을 항상 세밀히 관찰하고 그 분야의 학문 연구에 끊임없이 정진하도록 하라. 도량을 넓히는 데 이보다 더 좋은 방법은 없다.

왜냐하면 인간은 언젠가는 사람을 비롯하여 어떤 것이든 모두 남겨 두고 떠나야 한다는 사실을 깨달을 수 있기 때문이다.

그런 사람은 보편적 본성에 순응하고, 정의로우며, 사회의

이익을 위해 노력한다. 그는 다른 사람이 자기를 어떻게 생
각하며 무슨 말을 하며 어떠한 비난을 하는지에 대해 공연
히 시간을 낭비하지 않는다.

　그는 지금의 행동이 정의로우며, 자신에게 부여된 운명에
만족하는 이 두 가지로 충분하다고 생각하고 있다. 그리고
그는 모든 근심, 불만, 야망을 버리고 위의 두 가지 법칙에
따라 똑바로 나아감으로써 신과의 거리를 더욱 좁힐 수 있
다는 것 이외에는 아무것도 바라는 것이 없다.

12

　당신에게 무엇을 해야 할 것인지 정확하게 알아낼 수 있
는 능력이 있는데 그렇게 주저하고 두려워하는 이유는 무엇
인가? 당신이 나아갈 길이 뚜렷하게 보이면 망설이지 말고
똑바로 나아가라. 만약 그 길이 정확히 보이지 않으면 일단
걸음을 멈추고 난 뒤, 훌륭한 조언을 들을 수 있을 때까지
기다려라. 혹시 뜻하지 않은 방해물이 나타나 앞길을 가로
막는다면 사태를 냉정하게 고찰하고, 정의라고 생각되는 길
을 따라 소신껏 밀고 나아가라. 정의의 길을 따르는 것이야
말로 성공의 비결이다. 대부분의 경우 정의의 길을 벗어났
을 때 실패하기 때문이다.

13

　아침에 눈을 뜨면 자신에게 물어 보라. 다른 사람의 칭찬
이나 비난으로 인해 나에게 어떤 변화가 일어날 수 있을까?
그렇지 않다. 거만한 태도로 다른 사람을 칭찬하거나 비난
하는 사람들도 잠을 자고 음식물을 섭취하는 등 당신과 똑

같이 생활하고 있음을 기억하라.

또한 그들의 행동을, 그리고 그들이 추구하는 것은 무엇이며 모든 일을 꺼려하는지 생각하라. 그들은 손이나 발을 이용하지 않고 그들이 소유하고 있는 가장 소중한 부분, 즉 믿음, 겸손, 진실, 법칙 등을 만들어 낼 수 있는 이성을 이용하여 훔치고 강탈하는 것이다.

14

지적이며 겸손한 사람들은 모든 것을 주었다가 다시 빼앗아 가는 자연에게 "그대가 원하는 것을 주고, 그대가 원하는 것을 거두어 가라."라고 말한다. 그러나 그들은 결코 오만하지 않은 겸손하고 진실한 태도로 자연에 순응하여 말하는 것이다.

15

당신에게 주어진 시간은 순간에 불과하다. 그러므로 얼마 남지 않은 여생이나마, 마치 깊은 산 속에 묻혀 살아가는 사람처럼 생활하라. 인간은 이 세상에 산다면 어느 곳에서 살든 별 차이가 없다. 그러므로 다른 사람의 모범이 되어 자연의 법칙에 따라 생활하는 진정한 인간의 모습을 보여 주어라.

만약 그들이 그러한 삶의 태도를 탐탁치 않게 여기고 당신을 죽이려고 한다면 그렇게 하도록 허락하라. 왜냐하면 그들처럼 사는 것보다는 차라리 죽는 편이 낫기 때문이다.

16

선한 사람이 해야 할 일에 대한 토론으로 더 이상 시간을 소모하지 말라. 이제는 선한 사람이 되어야 할 때이다.

17

우주 전체와 영원한 시간에 대해 끊임없이 생각하라. 모든 개별적인 사물은 실체와 비교할 때 한낱 무화과나무의 열매에 지나지 않으며, 그것이 큰 나무로 자라나는 시간과 영원한 시간을 비교한다면 마치 나사를 한 번 돌리는 정도에 불과하다는 사실을 명심하라.

18

이 세상에 존재하는 모든 사물을 세밀히 관찰하라. 그것들은 이미 분해되고 변화하고 있다. 즉 지금 이 순간에도 모든 사물은 부패하고 분해되고 있는 것이다. 그리고 사물은 부패로 말미암아 다시 다른 것으로 만들어져서 존재한다는 사실을 항상 기억하라.

19

먹고 자고 결혼하고 배설하는 사람은 어떠한 존재이며, 그들의 행동은 얼마나 거만하고 무례하고 난폭한가를 생각해 보라. 그들은 지난날 욕망을 성취하기 위해 수많은 사람들에게 노예처럼 복종했던 일을 망각한 채 지금은 너무나 오만불손하다. 그러나 머지않아 그들이 어떤 상태에 처할 것인지를 생각해 보라.

20

우주의 본성이 사물마다 부여해 주는 것은 그 사물에 조금이라도 도움이 되는 것이다. 그리고 자연이 부여하는 그 시기 또한 적절한 때이다.

21

대지는 하늘이 내려 주는 소나기를 사랑한다. 그리고 장엄한 하늘 역시 그 소나기를 매우 사랑한다.

- 에우리피데스

우주는 반드시 존재해야 할 것만을 만들어 내기를 좋아한다. 따라서 나는 우주를 향해 "그대가 사랑하는 것을 나 또한 사랑한다."라고 외치려고 한다. 이것은 결국 무슨 일이 일어나든 사랑할 수 있다는 것과 같은 뜻이 아니겠는가?

22

오랫동안 살아서 익숙해진 이 세상에서 계속 살든, 또는 자유롭게 다른 곳으로 떠나려 하든, 또는 모든 의무에서 해방되어 죽음을 택하든 그것은 당신의 의지에 달려 있는 것이다.

이 세 가지 이외의 다른 선택은 아무것도 없다. 그러므로 매사에 기운을 내서 처리하도록 하라.

23

당신이 어떤 곳에 있든 이 땅의 평화는 항상 가까운 곳에 깃들여 있다는 사실을 명심하라. 현재 당신이 머물러 있는 곳이 산꼭대기든 바닷가든, 그 밖의 어떤 장소이든 아무런 차이가 없다. 그러므로 당신은, "높은 성벽으로 둘러싸인 도시에 사는 것이나, 깊은 산 속의 목장에서 양떼를 치며 살아가는 목동이나 다름이 없다." 라는 플라톤의 생각이 옳았음을 깨달은 것이다.

24

지금 나의 지배적 능력은 나에게 어떤 의미를 주겠는가? 또 나는 이 능력을 어떤 상태로 만들고 있으며, 또 어떤 목적에 이용하고 있는가? 나의 이성이 결여되어 있지는 않은가? 사회와의 유대 관계를 모두 끊어 버리고 방황하는 것은 아닌가? 또 보잘것없는 육체 속에 용해되고 뒤섞여서 육체적인 욕망에 사로잡혀 끌려다니지는 않는가?

25

주인 몰래 달아나는 사람은 도망자이다. 그런데 우리의 주인은 바로 법이다. 따라서 법률에 저촉되는 사람은 도망자이다. 그리고 슬퍼하거나 화를 내거나 두려워하는 사람은, 만물의 지배자가 정해 준 과거와 미래, 그리고 현재에 일어나거나 일어났던 자신의 의무에 만족하지 못하는 자이다.

만물이 부여해 준 각각의 운명은 곧 법률이다. 그러므로 자신의 운명을 비관하거나 화를 내거나 두려워하는 사람은 결국 도망자이다.

26

남자는 모태(母胎)에 씨를 뿌린 다음 떠나간다. 그 다음에는 다른 원동력이 그것을 받아들여 새 새영을 탄생시킨다.
이 얼마나 신비로운 일인가! 그리고 그 갓난아이가 목으로
음식물을 삼키면 이번에는 또 다른 원동력이 그것을 받아들
여 감정이나 운동으로 변화시켜 준다. 요컨대 이 원동력에
의해서 생명과 힘, 그 밖의 모든 것이 형성되는 것이다.

이 신비한 과정을 세심히 관찰하여 그 원동력이 무엇인지
알아내도록 하라. 비록 그것을 육안으로는 식별할 수 없을
지라도, 우리가 물체를 떨어뜨리거나 끌어올리는 힘을 깨달
을 수 있듯이 분명히 느낄 수 있을 것이다.

27

현재 존재하고 있는 모든 생명체는 과거에도 있었던 것이
며, 앞으로도 똑같이 존재할 것의 준비 과정임을 항상 생각
하라. 당신은 수많은 경험과 지난날의 역사를 통해서, 이미
막이 내린 무수한 연극과 무대 장치들이 동일한 형태로 되
풀이된 것이라는 사실을 알고 있지 않은가? 예를 들면 하드
리아누스의 궁전, 안토니누스의 궁전, 필립포스와 알렉산더,
크로에수스의 궁전 등 이 모든 것들은 지금 우리가 보고 있
는 연극과 동일하며, 다른 것이 있다면 그것은 오직 배우 뿐
이다.

28

어떤 일에 대해 슬퍼하고 불평하는 사람은 마치 강제로
도살장에 끌려가는 소나 돼지가 그 안에 들어가지 않으려고
비명을 지르며 발버둥을 치는 것과 마찬가지이다. 그리고
홀로 침대에 누워 인간과의 유대 관계를 한탄하는 사람도

마찬가지이다. 이 세상 모든 것 중에서 오직 인간만이 자신에게 일어나는 일을 기꺼이 받아들일 수 있는 능력을 지니고 있다. 어쩔 수 없이 복종하는 것은 인간이 아니라도 할 수 있는 일이다.

29

당신이 무슨 일을 하려고 할 때마다 잠시 멈추어 서서 자신에게 "죽으면 이런 일을 할 수 없으므로 죽음을 두려워하는 것인가?"라고 물어 보아라.

30

다른 사람의 실수로 인해 화가 났을 때에는 즉시 당신도 그와 같은 실수를 저지르지 않았는지 스스로 반성해 보라. 당신 역시 부나 쾌락, 명성 등에 집착하고 있었음을 깨닫게 될 것이다. 이와 동시에 상대방이 본의 아니게 실수를 저질렀다고 이해하게 된다면 당신의 분노는 곧 가라앉을 것이다. 만약 다른 방법이 있었다면 그는 절대로 실수하지 않았을 것이다. 당신이 할 수만 있다면 가능한 한 빨리 그에게 올바른 방향을 제시해 주도록 하라.

31

소크라테스 학파의 사티론(Satyron)을 보면 에우티케(Eutyches), 히멘(Hymen)을 생각하고, 에우프라테스(Euphrates)를 보면 에우티키온(Eutychion), 실바누스(Silvanus)를 생각하고, 알키프론(Alciphron)을 보면 트로패오포루(Tropaeophorus)를 생각하고, 세베루스(Severus)를 보면 크리토(Crito)나 크세노

폰(Xenophon)을 생각하라. 그리고 당신 자신을 볼 때에는 다른 황제들을 생각하라. 지금 이 모든 사람들은 어디에 있는가? 그들은 지금 어디에도 없으며, 또 그들이 어디 있는지 알고 있는 사람도 없다.

이렇게 생각한다면 인간의 삶 자체가 허무요, 무(無)라는 사실이 절실하게 실감날 것이다. 그리고 한 번 변화한 것은 영원히 되돌아오지 못할 과거의 추억일 뿐이며, 그 추억조차 머지않아 망각 속에 묻혀 버리는 것이다. 그렇다면 어째서 순간에 지나지 않는 당신의 짧은 생애를 평탄하게 보내지 못하고 초조해 하고 불평하는가?

철학을 통해 인생의 본질을 발견하도록 하라. 그러면 당신이 꺼려하고 또는 추구하는 모든 것들이 이성의 연마를 위한 좋은 소재가 된다는 사실을 깨닫게 될 것이다.

이렇듯 당신이 특히 피해야 할 것과 추구해야 할 것이 없음을 분명히 인식하는 경지에 도달할 때까지 계속 노력하라. 마치 튼튼한 위가 어떠한 음식이든 거뜬하게 소화시키는 것처럼, 또는 빨갛게 타오르는 불길이 그 속에 던져지는 모든 것을 태우면서 더욱 강렬히 타오르는 것처럼…….

32

어떤 사람에게도 성실하지 못하다거나 선량하지 않다는 인상을 주지 않도록 행동하라. 만약 당신에 대하여 이런 생각을 품고 있는 사람이 있다면 즉시 그 생각이 잘못이었음을 인식시켜 주어라. 당신에겐 충분히 그럴 만한 능력이 있으며, 그 누구도 성실하고 고결하게 살아가려는 당신을 방해할 수 없다.

만약 그렇게 살 수 없다면 차라리 죽음을 택하는 것이 낫다. 당신의 이성도 그처럼 비굴하게 살아가는 것을 바라지는 않을 것이다.

33

당신에게는 이성에 따라 행동할 수 있는 충분한 능력과 자신에게 주어진 것을 유용하게 이용할 수 있는 능력이 있다. 그러므로 비겁하게 방해를 받고 있다는 핑계를 대지 말라. 마치 쾌락을 추구하는 자가 사치를 탐내는 것처럼, 주어진 임무를 인간의 본성에 따라 행동하는 것이 당연하다고 생각하라. 그렇게 생각하기 전에는 계속 불평만을 일삼게 될 것이다.

실제로 자신의 본성에 따라 할 수 있는 일을 모두 쾌락이라고 생각해야 한다. 그리고 쾌락의 평가는 장소에 관계없이 어디에서나 가능한 일이다.

수레바퀴는 장소를 가리지 않고 어디에서나 구를 수 있는 특권이 없다. 왜냐하면 물이나 불 속에서는 바퀴가 굴러갈 수 없기 때문이다. 이와 같이 장소에 구애를 받는 것은, 이성이 없는 영혼의 지배를 받는 그 밖의 것들도 마찬가지이다.

그러나 지성이나 이성은 어떤 장애물에도 방해받지 않는다. 이성은 마치 불이 위로 타오르고, 돌이 아래로 떨어지며, 바퀴가 비탈길을 내려가는 것처럼 모든 장벽을 힘들이지 않고 뛰어넘을 수 있다는 사실을 명심하라. 당신 앞을 가로막는 모든 방해물들은 단지 시체나 다름없는 당신의 육체에만 영향력을 발휘할 수 있을 뿐, 이성 자체가 굴복하지 않는 한

결코 이성을 파괴하거나 해를 입히지는 못한다. 만약 이성
이 어떤 장애물에 굴복하여 해를 입게 된다면 당신은 즉시
악하게 될 것이다.

대부분의 사물은 거듭해서 해를 입게 되면 더욱 나빠져서
마침내는 완전히 쓸모없는 것이 된다. 그러나 인간의 이성
은 어떠한 장애에도 쉽사리 굴하지 않고 오히려 역경을 유
용하게 이용함으로써 보다 훌륭하고 가치 있는 사람이 될
수 있다.

그리고 마지막으로 국가에 해를 입히지 못하는 것은 시민
에게도 해를 입힐 수 없으며, 법에 저촉되지 않는 것은 국가
에도 해를 입힐 수 없다는 사실을 명심하라. 사람들이 재난
이라고 일컫는 것 또한 법에 해를 입히지 못한다. 그러므로
법을 손상시키지 못하는 것은 결국 당신에게도 해를 입힐
수 없는 것이다.

34

진실한 원리에 투철한 사람은 간결한 교훈을 듣는 것만으
로도 충분하다. 즉 그들은 아무리 평범한 교훈이라도 그것
을 듣고 슬픔이나 두려움에서 벗어나 마음의 평정을 얻게
되는 것이다.

나뭇잎은 바람에 흩날려 지상에 떨어진다
인간 또한 흡사 나뭇잎과 같도다
                    - 호메로스의 《일리아드》 중에서

나뭇잎은 바로 당신의 아이들이며, 나뭇잎은 마치 군중과

도 같다. 그들은 열광적인 박수갈채를 보내다가도 금세 돌아서서 비난하고 조소한다. 또한 그들은 어떤 사람의 명성을 후세에 전하기도 한다. 그러나 이러한 모든 일은 봄이 되면 새싹이 돋아난다는 어떤 시인의 말과 같다. 바람은 묵은 것을 날려보내고 그 자리에 새로운 잎이 돋아나게 한다.

잠시 동안 머물다 사라져 버리는 운명은 만물의 공통점이다. 그럼에도 불구하고 당신은 마치 그것들이 영원히 존재할 것처럼 미워하거나 사랑한다. 얼마 지나지 않아 당신은 영원히 눈을 감을 것이고 당신의 장례식에 참석하여 눈물짓던 사람들 역시 다른 사람들의 손에 매장될 것이라는 사실을 명심해야만 한다.

35

건강한 눈은 사물을 있는 그대로 보아야 하며 굳이 초록색 만을 보고 싶다고 투정을 부려서는 안 된다. 특정한 것만을 골라서 보는 눈은 병들어 있는 눈과 다름이 없다. 건강한 청각과 후각은 어떤 소리나 냄새도 받아들일 수 있는 준비가 되어 있어야 하며, 튼튼한 위는 마치 물레방아가 모든 곡식을 찧는 것처럼 어떤 음식이든 받아들여 거뜬히 소화시켜야 한다.

이와 마찬가지로 건전한 이성은 모든 일을 적절히 처리할 수 있는 준비를 갖추고 있다.

"제발 나의 귀여운 자식들을 살려 주십시오." 혹은 "내가 하는 일은 무엇이든지 모든 사람들의 칭찬만 받게 해 주십시오."라고 말하는 것은 마치 눈이 초록색만 찾고 이가 부드러운 음식만 요구하는 것과 마찬가지이다.

36

임종을 맞는 자리에서 그가 죽는 것을 기뻐하는 사람이 한 사람도 없다면 그는 참으로 행복한 사람이다. 그러나 애석하게도 모든 사람이 슬퍼하는 가운데 임종을 맞이하는 자는 한 사람도 없다. 가령 그가 선량하고 덕망이 높은 사람이었다고 하자. 그렇지만, "드디어 그분에게서 해방되어 자유롭게 살아갈 수 있게 되었구나. 물론 그분은 모든 사람에게 친절했지만 그래도 항상 말없이 우리를 책망하는 것 같아 불쾌했었다." 라고 말하는 사람이 과연 한 사람도 없다고 장담할 수 있을까? 그러나 이것은 훌륭한 사람의 경우이다. 우리와 같이 평범한 사람의 경우라면 우리가 죽는 것을 기다리고 기뻐하는 사람이 어디 한두 사람 뿐이겠는가? 그러므로 다음과 같이 생각하면 한결 편안하게 죽음을 맞이할 수 있을 것이다.

"그 동안 나는 사람들에게 조금이라도 도움이 되기 위해 노력하고 기도해 왔다. 그런데 그들 중에는 내가 죽으면 조그마한 이익이라도 돌아오지 않을까 하는 생각에서 내가 하루빨리 죽기를 바라는 사람도 있다. 사람들은 무엇 때문에 이토록 몰인정한 세상에 집착하여 더 오래 살기를 바라는 것일까?"

그러나 그렇다고 해서 친구들에게 불친절하게 대해서는 안 된다. 이제까지와 마찬가지로 친절하고 따뜻하게 대하라. 그렇지만 그들과의 이별을 너무 슬퍼하지는 말라. 이제 자신의 할 일을 다했다는 홀가분하고 평온한 마음으로 이 세상과 작별하라.

자연은 그들과 인연을 맺어 주고 사귀도록 해 주었으나

이제는 그 인연을 끊으라고 한다.

나는 지금 가깝게 지내던 사람들과 헤어져야 한다. 그러나 그것은 강요 때문이 아니며, 평안한 마음으로 스스로 떠나가는 것이다. 죽음이란 단지 자연의 한 과정이기 때문이다.

37

가능한 한 다른 사람의 행동을 대할 때마다 다음과 같이 자문하는 습관을 길러라.

"이 사람은 무슨 목적으로 이런 행동을 했을까?"

그러나 우선 당신 자신의 행동부터 검토한 다음 자문하라.

38

당신을 조종하고 있는 것은 마음속 깊은 곳에 숨어 있는 어떠한 힘이다. 그것은 설득의 힘이고 생명이며 더 나아가서는 바로 당신 자신이다.

그러나 자신을 관조할 때 영혼을 담고 있는 육체와 그 주위에 붙어 있는 도구를 혼동하지 말라. 그것은 잠시 당신의 육체에 머물러 있을 뿐이다.

만약 육체를 움직이고 저지하는 그 원동력이 없다면 당신의 육체는 단지 목수가 사용하는 도구와 다름없다.

제11권

이성적 영혼의 특징은 다음과 같다. 즉 이성적 영혼은 자기 자신을 알고 자신을 분석하며, 원하는 대로 자신을 바꿀 수 있고, 자신이 성취한 결과를 스스로 수확하며—반면 식물의 과일이나 가축이 생산해 낸 것은 다른 사람이 수확한다—생애의 종말이 언제 닥치든 개의치 않고 자신의 목적을 성취한다. 연극이나 무용 등은 갑자기 중단될 경우 그 동작 전체가 불완전해지지만, 이성적 영혼은 언제 중단되더라도 자신의 일을 수행할 수 있다. 그렇기 때문에 영혼은 "나는 내가 바라는 모든 것을 소유하고 있다."라고 말한다. 또한 영혼은 우주전체와 그것을 둘러싼 공간을 마음대로 왕래하면서 영원의 끝까지 도달할 수 있어 만물의 반복되는 창조 과정의 순환을 이해하며 깨달을 수 있다.

즉 영혼은 후세 사람들이라고 해서 우리가 보지 못한 어떤 새로운 것을 보는 것은 아니며 우리의 전 세대 사람들이라고 해서 더 많은 것을 경험하는 것도 아니다. 그러므로 인간이 40세가 되어 어느 정도 경험을 쌓았다면 그는 과거에 일어났고 또 앞으로 일어날 모든 일을 본 것이나 다름없다. 왜냐하면 만물은 동일한 법칙의 지배를 받기 때문이다.

마지막으로 이성적 영혼은 이웃과 진리와 겸손을 소중히 여기고 또한 무엇보다도 자기 자신과 우주의 법칙을 존중한다. 그러므로 올바른 이성이란 정의의 관념과 조금도 차이가 없는 것이다.

2

흥겨운 노래와 춤, 운동 경기 등에 현혹될 필요가 없다. 만약 그러한 것들이 당신을 유혹한다면 노래의 화음을 각각 분리해 놓고 "과연 이런 소리들이 나를 매혹시킬 수 있을까?"하고 자문해 보라. 또 춤이나 운동 경기가 당신을 유혹할 때도 이와 마찬가지로 모든 동작을 낱낱이 분리시켜 보라. 그리고 이렇한 방법을 당신을 유혹하는 모든 것들에 적용시켜 보라. 필경 당신은 그것들을 경멸하게 될 것이다. 우리는 미덕과 덕행을 위해 하찮은 문제로 소비되는 정력을 아껴야만 한다. 사물의 본질을 분리시켜 봄으로써 인생의 참다운 지혜를 터득할 수 있다.

3

비록 지금 당장 죽음의 순간이 닥쳐오더라도 당황하지 않고 이를 감당해 낼 준비가 되어 있는 영혼은 얼마나 훌륭한가? 그러나 이러한 준비는 기독교인의 경우와 같이 단순한 고집이 아니라 자기 자신의 판단에 의한 것이어야 한다. 또한 그것은 남에게 과시하려는 영웅심이 아닌 신중하고 진지한 태도에서 우러나온 것이어야 한다.

4

나는 공공의 이익을 위하여 어떤 노력을 기울였는가? 만약 그렇게 했다면 나는 이미 충분한 대가를 받은 것과 같다. 언제나 이와 같은 생각을 마음속에 간직하고, 잠시도 선행을 멈추지 말라.

5

당신이 해야 할 일은 무엇인가? 그것은 무엇보다 착한 사람이 되는 것이다. 그런데도 우주의 본성에 대해서나 인간의 고유한 본질에 대해 무시한다면 어떻게 착한 사람이 될 수 있겠는가?

6

처음에 연극이 상연된 목적은 이 세상에서 일어나는 비극적인 사건들을 사람들에게 상기시키기 위한 것이었다. 그러한 연극은 우리에게 비극이 자연에 따라 일어나는 필연적인 사건임을 일깨워 주었다.

우리는 슬픈 연극을 보더라도 일종의 기쁨을 맛볼 수 있다. 그러므로 우리는 무대 위에서 상연되었을 때 기쁨을 준 것이 보다 넓은 무대(인생)에서 실제로 발생하더라도 괴로워해서는 안 된다는 사실을 깨달아야 한다.

당신이 이제껏 감상했던 수많은 연극의 주인공들을 보라. 그들은 숙명적으로 피할 수 없는 비극적 운명을 타고났음에도 여전히 자신의 운명을 잘 헤쳐나가고 있지 않는가? 고뇌에 찬 표정으로 "오, 키타에론(Citaeron;소포클레스의 《오이디푸스 왕》에 나오는 산)!" 하고 외치는 사람조차 묵묵히 그것을 참고 견딘다. 그리고 비극 작가들은 참으로 좋은 말을 많이 남겨 놓았다.

예를 들면,

"신께서 나와 나의 자손들을 돌보지 않는다면 거기에는 반드시 그럴 만한 이유가 있을 것이다."

또는,

"어떠한 일이 일어나더라도 너무 슬퍼하거나 괴로워하지 말라."

또는,

"벼가 익어 고개를 숙이면 거둬들이는 것처럼 우리의 삶도 거둬들여야 한다."

이 밖에도 수많은 격언이 있다.

비극 시대가 지나가고 고대 희극이 연출되었다. 희극은 자유분방하고 솔직한 표현으로써 자칫 교만에 물들기 쉬운 사람들의 마음을 환기시켜 주었다. 이러한 목적 때문에 디오게네스도 희극을 모방했다.

그 후에 소개된 중기 희극과 후기 희극에 대해서는, 그 희극이 어떠한 것이며 무엇을 목적으로 공연되었는지 주목할 필요가 있다. 그 새로운 희극들은 점차 쇠퇴하여 단순한 모방적 기교로 타락하고 말았다. 물론 이들 중기와 후기의 희극 작가들도 약간의 좋은 말을 남겼다. 그런데 그러한 시나 연출은 과연 어떤 효과를 노리고 있었던 것일까?

7

철학을 하는 데 있어서 당신이 현재 처해 있는 상황에서 발견되는 것보다 더 훌륭한 재료는 없다. 이것은 명백한 사실이다.

8

하나의 나뭇가지를 잘라내면 그것은 옆의 나뭇가지와 분리되는 것 뿐만 아니라 나무 전체에서 떨어지게 된다. 이와 마찬가지로 사람도 다른 사람으로부터 등을 돌릴 때 사회 전체로부터 격리된다. 그러나 나뭇가지는 그 자신의 의지가 아닌 외적인 힘에 의해 억지로 분리되지만, 인간은 자신의 증오와 혐오감 때문에 이웃 사람들에게서 소외된다. 그는 자신의 행동 때문에 사회로부터 격리된다는 사실을 알지 못한다.

그러나 그는 아직도 제우스가 부여한 특권을 지니고 있다. 즉 그에게는 이웃과 협력하며 다시 전체의 완성을 돕는 개체로 돌아갈 수 있는 능력이 있는 것이다. 하지만 이러한 격리가 거듭 되풀이되면 재결합할 수 있는 능력은 점차 약화되고 만다. 그것은 처음부터 나무와 함께 성장하고 호흡해 온 가지와 한 번 떨어져 나간 다음 다시 접목된 가지가 같을 수 없는 것과 같은 이치이다. 접목시킨 가지는 나무의 한 부분이 되지만 나무와 동일한 마음을 갖지는 못한다고 정원사는 말한다.

9

사람들이 올바른 이성의 길로 정진해 나아가는 당신을 방해 하더라도 그들은 결코 당신을 본래의 행동으로부터 벗어나게 할 수는 없다. 그러니 그들에 대한 관용을 잃지 않도록 하라. 확고하고 단호한 태도로 당신의 길을 나아갈 뿐만 아니라, 당신을 방해하고 괴롭히려는 사람들에게도 항상 부드럽고 친절하게 대하라. 그들에게 화를 내는 것은 두려워한다는 증거이며 가야 할 길을 물러서는 것은 그들의 위협에 굴복했다는 증거이다.

어떠한 경우라도 그것은 의무를 포기하는 용납하기 힘든 행위이다. 전자는 자신의 동류들을 멀리하려는 것이며, 후자는 용기가 결여된 사람이다.

10

인위적인 것은 자연의 본성을 모방한 것에 불과하다. 그러므로 자연이 만들어 놓은 모든 것은 인공적인 것보다 월등히 뛰어나다. 그러므로 가장 완전하며 가장 포용력 있는 자연이 인간의 기술에 뒤질 리가 없는 것이다. 모든 기술이 열등한 것을 만들어 내는 것은 보다 뛰어난 것을 만들기 위해서이다.

자연의 방식도 이와 같다. 우리가 만약 보잘것없는 것에 현혹되거나 경솔하며 변덕스러운 행동을 한다면 결코 진정한 정의는 유지되지 않을 것이다. 왜냐하면 이러한 감정은 보다 열등한 것이며, 모든 미덕은 정의에서 비롯되기 때문이다.

11

사물의 회피나 추구로 인해 마음이 초조해지면 화를 내지 말고 당신이 먼저 그쪽으로 다가가라. 언제나 그들이 먼저 문제를 일으키지는 않는다. 그들에 대해 아무 판단도 내리지 않는다면 그쪽에서도 조용히 머물러 있을 것이다. 그러면 자신도 모르는 사이에 그것들을 추구하거나 회피하던 마음이 사라질 것이다.

12

어떤 것은 무리하게 추구하거나 또한 그것을 피하려고 위축되지 않을 때, 당신의 영혼은 가장 완벽한 원형을 이룬다. 그리고 모든 사물의 참모습과 자신의 참모습을 바라볼 때, 당신의 영혼은 가장 완전한 형태를 유지하는 것이다.

13

누군가가 나를 경멸하더라도 그것은 내가 상관할 문제가 아니다. 단지 나는 다른 사람의 비웃음을 받을 만한 행동이나 말을 하지 않도록 조심하면 되는 것이다. 또 누군가가 나를 증오한다고 해도 그것 역시 그의 문제이다. 내가 해야 할 일은 모든 사람에게 친절하고 자비로우며, 나를 미워하는 사람에겐 그의 잘못을 깨닫도록 해 주면 되는 것이다. 이때 결코 상대방을 비난하거나 자신의 인내심을 자랑하는 태도를 보여서는 안 된다. 단지 포키온(Phocion ; 아테네의 장군이며 정치가)처럼―그의 행동이 전혀 위선이 아니라면―솔직하고 상냥한 태도로 상대방의 잘못을 지적해 주어야 한다.

이와 같은 태도야말로 인간이 당연히 지니고 있어야 할 의무이다. 어떤 일을 당해도 화를 내거나 불평하지 않는 당신의 모습을 신에게 보여야만 한다. 자신의 본성대로 행동하고, 자연이 부여해 준 일을 기꺼이 받아들이는 태도를 취한다면 무엇이 당신을 방해할 수 있겠는가!

14

사람들은 서로 경멸하면서도 어떤 이익을 위해 서로 아첨한다. 그리고 그들은 서로 상대방을 이기려고 노력하면서도 다른 사람 앞에서는 서로 양보하는 태도를 보인다.

15

"나는 당신을 솔직하게 대하기로 결심했소."
라고 말하는 사람이 있다면, 그는 얼마나 불성실한 위선자인가!

인간의 성실한 행동은 굳이 설명을 필요로 하지 않는다. 좋아하는 사람들은 서로의 눈만 쳐다보아도 상대방의 생각을 읽을 수 있듯이 인간의 모든 것은 눈을 통해서 단번에 알 수 있다. 진실이나 선은 진한 향기를 지니고 있기 때문에 가까이 다가간 사람은 좋든 싫든 그 냄새를 맡을 수밖에 없다.

가장된 진실은 감추어진 칼날과 같아서 곧 드러나게 마련이다. 늑대의 거짓된 우정보다 더 비열한 행위는 없다. 이러한 우정은 피해야 한다. 착하고 성실하고 자비로운 사람은 저절로 그 본성이 얼굴에 드러나게 마련이며, 누구나 한눈에 그것을 알아볼 수 있다.

16

만일 당신의 영혼이 가치가 없는 사물에 관심을 갖지 않는다면, 완전한 인생을 영위할 수 있다. 그렇게 하려면 먼저 사물이 무엇으로 이루어져 있는지 주의 깊게 관찰한 다음, 그 실체를 생각하도록 하라. 그리고 어떠한 사물이든 스스로 의견을 형성할 능력이 없다면, 우리에게 가까이 다가올 수 없다는 사실을 항상 명심하라. 사물은 언제나 그 자리에 그대로 머물러 있을 뿐이다. 그러므로 사물에 대해 어떤 판단을 내리고 그것을 마음속에 새겨두는 자는 바로 우리 자신이다. 또한 우리는 언제라도 마음속 기록을 지워 버릴 수 있는 능력을 지니고 있다.

그러나 우리에겐 사소한 일에 관심을 기울일 만큼 넉넉한 시간이 부여되어 있지 않다. 죽음의 순간은 시시각각 다가오고 있다. 그러므로 모든 일이 뜻대로 되지 않는다고 해서 불평을 터뜨리지 말라. 자연에 위배되지 않는다면 무엇이든 기꺼이 받아들여라. 만약 그것이 자연에 위배된다면 잠시 본성의 소리에 귀를 기울인 다음, 최선의 길을 택해 계속 나아가라. 인간은 언제 어떤 장소에 있더라도 자신이 가야 할 올바른 길을 찾아낼 수 있다.

모든 사물을 대할 때마다 그것이 어디에서 만들어졌으며 무엇으로 구성되어 있고, 무엇으로 변할 것인가, 그리고 그 변화의 결과는 무엇일까를 생각해 보라. 또한 사물은 우리에게 어떠한 해도 끼치지 않는다는 사실을 명심하라.

18

만약 누군가가 당신을 화나게 했다면 첫째, 인간은 밀접한 유대 관계를 맺고 있으며 서로 협력하도록 창조되었다는 사실을 명심하라. 또한 다른 관점에서 생각한다면 숫양이 양떼를, 수소가 소떼를 안전하게 이끄는 것처럼 나도 다른 사람들을 인도하기 위해 태어났을는지도 모른다. 그렇다면 당연히 그들을 친절하고 상냥한 태도로 인도해야만 한다.

만약 이 세계가 단순한 원자들의 집합체가 아니라면, 세계는 자연에 의해 지배되고 있음이 틀림없으며, 그 경우 자연은 강자를 위해 약자를 만들었으며, 강한 것끼리는 서로 돕도록 만들었다는 사실을 명심하라.

둘째, 식탁에 앉아 있을 때나 안락한 침대에 누워 있을 때나 그들은 어떤 사람인가를 생각하라. 또한 그들의 사고방식을 지배하는 것이 무엇이며 무엇으로 형성되었는지를 고찰하고, 어떤 자만심 때문에 그토록 무례한 행동을 하고 있는지 살펴보라.

셋째, 만약 그들이 하는 일이 옳다면 우리는 화낼 이유가 없다. 그러나 그들의 행동이 올바르지 않다면 그것은 의도적인 것이 아니라 무지 때문에 그런 것이 분명하다. 왜냐하면 계획적으로 진리를 상실하는 영혼은 없기 때문이다. 즉 자신도 모르는 사이에 영혼이 진리를 빼앗기는 것처럼, 의도적으로 다른 사람에게 비난받고 싶어하는 사람은 없을 것이다. 따라서 사람들은 부정하다든가 배은망덕하다든가 탐욕스럽다는 등의 말을 들을 때 상처를 받게 되는 것이다.

넷째, 당신 자신도 많은 실수를 저지른다는 점에서 다른 사람과 조금도 다르지 않다는 사실을 명심하라. 또 당신이 실제로 어떤 잘못을 저지르지 않았다고 해도 그것은 다른 사람의 이목을 의식했기 때문일 뿐 여전히 명예를 추구하거나 오류를 범할 여지는 남아 있다.

다섯째, 인간이 실수를 한 동기가 반드시 그의 행동과 일치하는 것은 아니다. 많은 일들이 어떤 환경과 관련되어 발생하기 때문이다. 그러므로 다른 사람의 행동에 정확한 판단을 내리려면 자신이 먼저 더욱 많은 것을 알아야만 한다.

여섯째, 몹시 화가 나거나 슬플 때는 인생은 한순간이며, 얼마 후에는 땅 속에 묻히게 될 것이라고 자신에게 말하라.

일곱째, 우리를 괴롭히는 것은 그들의 행동이 아니라 바로 그 행동을 평가하는 우리의 생각이다. 그들의 행동은 이성에 그 근거를 두고 있기 때문이다. 그러므로 그들에 대한 모든 판단을 제거하라. 그와 동시에 분노는 곧 가라앉을 것이다. 그렇다면 어떻게 해야 그러한 생각을 몰아낼 수 있을 것인가? 우선 그들의 행동이 수치가 아니라고 간주한 다음 자기 자신을 돌이켜보라. 만약 악이 부끄러운 것이 아니었다면 당신도 분명히 많은 잘못을 저지렀을 것이다. 즉 강도나 그밖의 악행을 일삼는 사람이 되었을지도 모른다.

여덟째, 다른 사람의 그릇된 행동 때문에 받게 되는 고통보다, 그 행동 자체에 대한 우리의 분노나 괴로움으로 야기되는 고통이 훨씬 더 견디기 어렵다는 사실을 명심하라.

아홉째, 순수하고 진실된 마음에서 우러나온 친절이라면 아무도 그것을 무너뜨릴 수 없음을 명심하라. 어떤 난폭한 사람에게도 변함없이 친절을 베풀고, 상대방이 당신에게 해를 입히려고 할 때마다 부드럽고 온화한 태도로,

"여보시오, 그래서는 안 됩니다. 우리는 그런 짓을 하기 위해 세상에 태어난 것이 아니질 않소. 당신이 나에게 무슨 짓을 하더라도 나는 조금도 해를 입지 않소. 오히려 당신은 스스로를 해치고 있는 거요."

라고 충고하여 그의 잘못을 바로잡아 준다면, 그는 당신에게 해를 입힐 수 없다. 성실한 태도를 가지고 앞에서 설명한 여러 가지 진리를 차근차근 알아듣기 쉽게 설명해 주고, 꿀벌이나 그 밖에 집단 생활을 하는 본성을 지닌 동물들도 그런 짓은 하지 않는다는 사실을 지적해 주어라. 그러나 이때 비웃거나 책망하는 태도를 취하지 말고, 아무런 적의도 없이 진실되게 타일러야 한다. 그리고 주위에 다른 사람이 있을 때 훈계조로 이야기하지 말고, 그가 혼자 있는 틈을 타서 조용히 타일러라.

이상의 아홉 가지 이야기는 뮤즈 신이 당신에게 준 귀중한 선물이라고 생각하고 항상 기억하도록 하라. 그리고 당신이 살아 있는 동안 참된 인간이 되려고 부단히 노력하라. 다른 사람들에게 화내지 말고 그들의 아첨에 솔깃하지 말라. 그것은 모두 비사회적인 태도로서 마침내는 해를 가져오기 때문이다. 화가 머리끝까지 났다고 해서 그 감정을 폭발시키는 것은 남자답지 못한 행동이다. 항상 온화하고 관대한 태도야말로 인간의 본성에 보다 잘 어울리며, 보다 남자답다는 사실을 기억하라. 이런 성품을 지닌 사람은 힘과 강인성과 용기를 갖고 있으나, 쉽게 흥분하고 불평을 일삼는 사람은 그렇지 못하다. 감정의 지배를 받지 않는 사람일수록 더욱 강한 힘을 지니고 있는 것이다. 분노는 무력함의 증거이며, 비탄도 이와 마찬가지이다. 화를 내는 사람은 스스로 굴복했음을 인정하는 사람이다.

그러나 만약 당신이 원한다면 뮤즈의 지도자인 아폴로 신으로부터 열 번째 선물을 받을 수 있다. 그것은 나쁜 사람이 죄를 짓지 않기를 기대하는 것은 어리석은 생각이라는 것이다. 그것은 무화과나무에서 무화과 이외의 열매가 열리지 않는 것처럼 불가능한 일이다. 그리고 그들이 다른 사람들에게 잘못을 저지르는 것을 방관하면서 오직 자신만 해를 입지 않기를 바라는 것은 비겁한 생각이다.

19

당신의 탁월한 이성이 정상에서 어긋나는 행동을 보일 때에는 철저하게 조심하고 경계해야 한다. 그때마다 다음과 같이 말하라.

"이 사념은 나에게 중요한 것이 아니다."

"이것은 사회적 단결을 파괴할 요인을 지니고 있다."

"이것은 올바른 사상에서 비롯된 것이 아니다."

왜냐하면 진정한 사상으로부터 오지 않은 것 역시 영혼의 본궤도를 이탈하는 일이기 때문이다.

마지막으로 자기 자신을 비난하고 싶을 때는 다음과 같이 말하라.

"이것은 나의 마음속 가장 신성한 부분이 비천하고 부패되기 쉬운 육체와 육체의 비열한 탐욕에 압도당하고 굴복했다는 증거이다."

20

육체 속에 분산되어 있는 원소 중에는 공기와 비슷하며 불의 성질을 갖고 있는 입자가 있어 위로 올라가려는 경향을 지니고 있지만, 우주의 배치에 순응하여 복합적 조직 안에 그대로 머물러 있다. 또한 인간의 체내에는 **흙의 성질과 물의 성질**을 가진 입자가 있어 그 본래의 성질에 의해 아래로 향하려고 하지만, 역시 우주의 배치에 순응하여 타고난 성질에 어긋나는 자리에 머물러 있다. 이와 같이 조그마한 입자조차도 자연의 법칙에 의해 그 위치가 정해지면 신이 다시 분해의 신호를 울릴 때까지 조용히 정해진 장소에 머물러 있다.

그럼에도 불구하고 당신의 이성적 부분만이 반항하고 자신의 위치에 불만을 표시하는 것은 이상한 일이 아닌가? 더욱이 당신의 이성적 부분에는 어떠한 강압도 가해지지 않고 오히려 그의 본성과 일치하는 일만이 일어난다. 그런데도 이 부분은 여전히 순응하지 않고 반대 방향으로만 달아나려고 한다. 즉 부정, 무절제, 분노, 비탄, 공포 등을 향해 나아간다면 이것은 자연의 법칙에 이탈하는 행동이다. 그리고 영혼이 어떤 일에 불만을 느낀다면 그것도 본연의 위치를 벗어나는 행동이다. 영혼은 본래 신과 정의를 경애하고 존중하도록 만들어졌기 때문이다. 신과 정의를 존중하려면 사물의 모든 것을 만족한 마음으로 받아들여야 하며, 이러한 마음가짐은 정의보다 우선되어져야 한다.

인생의 목적이 일정하지 않고 수시로 변하는 사람은 그의 일생 또한 수시로 변할 수밖에 없다. 그러나 인생의 목적이 어떤 것이어야 하는지 덧붙여 설명하지 않는다면, 앞에서 한 말만으로는 아직 부족하다.

대부분의 사람이 선이라고 생각한다고 해서 반드시 모든 사람의 생각이 그 의견과 일치하는 것은 아니다. 그러나 공공의 이익에 공헌하는 일에 대해서는 언제나 의견이 일치한다. 그러므로 인생의 목적은 인간 모두가 추구해야 할 사회의 이익에 공헌하는 것이 되어야 한다. 이러한 목적을 위해

자신의 모든 노력을 기울이는 사람의 행동은 변함이 없으
며, 따라서 그 자신도 한결같이 변함이 없을 것이다.

21

시골에 사는 쥐가 서울에 사는 쥐를 찾아왔을 때를 생각
해 보라. 그리고 그때 시골 쥐의 공포와 경계심을 생각해 보
라.

22

소크라테스는 대중의 생각을 '라미아(Lamia)'라고 불렀는
데, 라미아는 사람을 잡아먹고 어린아이의 피를 빨아먹는다
는 괴물이다.

23

라케다이몬 사람들은 공개적인 구경거리가 있을 때 외국
손님들의 자리를 시원한 그늘에 마련해 주고, 그들 자신은
아무 곳에나 앉았다.

24

소크라테스는 마케도니아 왕인 페르디카스(Perdiccas)의
초대를 받고 다음과 같이 거절하였다.

"나는 가장 비참한 최후를 맞이하고 싶지 않습니다."

즉 이 말은 보답하지 못할 은혜는 처음부터 받아들일 수
없다는 뜻이다.

25

에페소인들의 저술 중에는 덕을 실천한 선인(仙人) 가운데 한 사람을 늘 생각하라는 교훈이 실려 있다.

26

피타고라스 학파는 아침마다 하늘을 쳐다보며 다음과 같은 사실을 배우라고 권하고 있다.

"언제나 동일한 상태로 동일한 방법에 따라 움직이는 천체는 그 본연의 임무를 수행함에 있어 얼마나 정확하며 변함이 없는가를 상기하라. 그리고 그 운동의 질서 정연함과 순수함, 적나라한 모습을 생각하라. 별을 가로막는 것은 아무것도 없다."

27

소크라테스의 아내인 크산티페(Xantippe)가 옷을 가지고 밖으로 나가 버렸을 때, 양가죽으로 몸을 감싸고 나온 그의 모습을 상상해 보라.

그리고 이와 같은 차림을 보고 당황하여 달아나는 친구들을 보고 소크라테스가 한 말을 생각해 보라.

28

어떤 것을 읽고 쓰는 데 있어서 당신 자신이 먼저 그 규칙을 배우고 익숙해지기 전에는 남을 가르치지 말라. 이것은 인생에 있어서는 두말할 필요도 없다.

29

만일 당신이 본능의 노예가 되었다면, 이성은 더 이상 당신을 위해 자유롭게 존재하지 않을 것이다.

- 출처 미상

30

그리고 나의 마음은 웃고 있었다.

- 호메로스 《오딧세이》

31

그들은 가혹한 말로써 덕을 저주할 것이다.

- 헤시오드(Hesiod) 《일과 나날》

32

올바른 정신의 소유자는 겨울에 무화과 열매를 찾지 않는다. 또 이미 아이를 낳을 수 있는 나이가 지났는데도 아이를 바라는 사람 역시 미친 사람이다.

- 에픽테토스 《어록》

33

에픽테토스는 말했다.

"어린아이에게 입을 맞출 때, 어쩌면 너는 내일 죽을지도 모른다고 속삭여라."

곁에서 누군가가 이 말을 듣고, "어째서 그토록 불길한 말을 하는가?"라고 반문하자, 그는 이렇게 말했다.

"아니, 내 말은 단지 자연이 하는 일에 만족하라는 뜻이

다. 만약 이 말이 불길하다면 그대는 다 익은 벼이삭을 수확
하라는 것도 불길한 말이라고 생각하는가?"

34

덜 익은 포도, 무르익은 포도, 건포도, 이들은 서로 다르
다. 그러나 이것은 무로 변한 것이 아니라 계속 존재하면서
단지 새로운 상태로 변했을 뿐이다.

- 에픽테토스 《어록》

35

아무도 우리의 자유의지를 빼앗아간 수는 없다.

- 에픽테토스 《어록》

36

우리는 동의하는 원칙을 발견해야 한다. 즉 아무것에나
무작정 동의해서는 안되며 일시적 충동에 사로잡히지 말고
이기주의에서 벗어나 미덕과 조화를 이루어야 한다. 육체의
욕망도 이와 마찬가지다. 능력이 미치는 한까지 욕망을 억
제해야 하며, 그것에 지배되는 것을 당연히 수치로 생각할
줄 알아야 한다.

- 에픽테토스 《어록》

37

이 논쟁은 극히 일상적인 평범한 문제에 대한 것이 아니
라, 우리가 미쳤는가 제정신인가의 문제이다.

- 에픽테토스 《어록》

38

소크라테스는 항상 이런 대화를 나누었다.

"그대는 무엇을 원하는가? 이성적인 인간의 영혼인가, 그렇지 않은 인간의 영혼인가?"

"이성적인 인간의 영혼입니다."

"그대는 이성적인 인간 중에서도 건전한 인간 쪽을 원하는가, 아니면 병든 인간을 원하는가?"

"물론 건전한 인간입니다."

"그렇다면 그대는 왜 그러한 인간이 되기 위해 노력하지 않는가?"

"이미 소유하고 있기 때문입니다."

"그렇다면 어째서 싸우고 말다툼을 하는가?"

제12권

1

만일 당신이 스스로 거부하지만 않는다면, 당신은 별다른 어려움 없이 당신이 도달하고자 하는 모든 것들을 얻을 수 있다.

"거부하지 않는다."는 말은 과거를 돌아보지 않고 미래는 자연의 섭리에 맡겨둔 채 오직 경건하고 정의롭게 현재에 충실하라는 뜻이다.

또 경건이란 당신에게 주어진 운명에 만족하고 순응하라는 의미이다. 왜냐하면 자연은 당신을 위해 운명을 설계했으며, 또한 그것이 당신이 태어난 목적이기 때문이다. 정의롭기 위해서는 언제나 솔직하고 공정하게 진리만을 말하며, 법을 준수하고 다른 사람의 권리를 존중해 주어야 한다.

그리고 다른 사람의 사악이나 무지 혹은 악평 등에 동요되거나, 당신을 둘러싸고 있는 보잘것없는 육체의 욕망에 얽매이지 말라. 그것들은 비록 수동적이긴 하지만 언제나 이성이 허점을 보일 때만을 기다리고 있기 때문이다.

그리하여 언제 죽음의 순간이 닥쳐오더라도 오직 당신의 지배적 이성과 신성만을 존중하며 그 밖의 것들은 완전히 무시해 버려라.

그리고 언젠가는 죽어야 한다는 사실 때문이 아니라 아직도 자연에 순응하는 생활을 시작하지 못했기 때문에 죽음을 두려워하는 것이라면, 당신은 자신을 창조해 낸 우주에서 가치 있는 인간이 될 수 있으며 동시에 조국에 대해서도 가치 있는 인간이 될 수 있다.

또한 일상적으로 일어나는 일들이 전혀 뜻밖의 일인 것처럼 당황스럽고 두려워서 여러 사람에게 의지하려 하지도 않을 것이다.

2

신은 인간의 가치를 판단하고자 할 때 육체에 따른 물질적인 것이나 불순물 등을 제거한 상태에서 마음을 살핀다. 신의 이성적 부분과 접촉할 수 있는 것은 오직 그에게서 흘러나와 인간의 육신 속으로 흘러들어간 이성 뿐이기 때문이다.

만약 당신이 신처럼 육체를 무시한다면 인생에 수반되는 수많은 고뇌로부터 해방될 수 있다.

왜냐하면 빈껍데기에 불과한 육체를 무시하는 사람은 의복, 집, 명성, 그 밖의 외부적인 겉치레로 인해 고심하지 않을 것이 틀림없기 때문이다.

3

인간은 육체, 호흡, 이성 이 세 가지로 이루어져있다. 육체와 호흡은 당신의 보살핌을 받아야 한다는 점에서만 당신에게 속할 뿐, 진정한 당신 본래의 소유물은 이성 뿐이다. 그러므로 즉시 당신은 이성을 당신의 육체와 호흡으로부터 분리시켜라.

그러면 당신은 다른 사람들의 언행, 미래에 대한 불안으로부터 해방될 것이며, 육체와 호흡에 해를 입히는 것들로 인해 더 이상 신경쓰지 않아도 된다. 또한 주위를 맴돌며 당신을 혼란시키던 여러 가지 속박에서 풀려날 수 있을 것이다.

이성은 모든 사물을 무시한 채 스스로 올바른 길을 향해 나아간다. 이성은 이 세상의 여러 가지 일들을 혼쾌히 받아들이며 오직 진실만을 말한다.

그러므로 당신의 의사와는 상관 없이 당신의 이성에 부착되어 있던 갖가지 감각적 부속물을 떼어 버리고 과거도 미래도 아닌 오직 현재의 생활에 충실하라.

'자신을 둘러싸고 있는 고독을 즐기며 그 자신은 완전한 원형'이라는 엠페도클레스(Empedokles)의 말을 항상 염두에 두고 당신도 그렇게 되도록 노력하라.

이와 같이 신성의 인도에 따라 성실과 친절을 염두에 두고 생활한다면 당신의 남은 생애는 모든 번뇌에서 벗어나 보다 고귀하게 평온한 마음으로 살아갈 수 있을 것이다.

4

인간은 어느 누구보다도 자기 자신을 가장 사랑한다.

그럼에도 불구하고 자기 자신을 평가할 때는 자신의 의견보다 다른 사람의 의견을 더 존중하고 있다. 이것은 매우 큰 모순이다. 만약 신이 누군가에게 나타나서 머리속에 떠오른 생각을 반드시 대중에게 공포해야 한다고 명령한다면 그는 아마 단 하루도 살 수 없을 것이다.

이처럼 인간은 자기에 대한 대중의 평판을 자기가 스스로에게 내리는 평판보다 훨씬 더 중요시하고 있다.

5

인간을 위해 이 세상 모든 것을 그토록 훌륭하게 만들어 놓으신 신이, 경건한 행동과 종교적 의식을 통해 신의 섭리에 충실할 뿐만 아니라 신성에 순응하여 선행과 봉사로 일관된 인생을 살아가는 사람들을 외면할 수 있을까? 과연 신이 인간이 한 번 죽으면 다시 태어나지 못하고 그대로 사라져 버린다는 사실을 간과할 수 있을까?

그러나 만약 그것이 사실이라면 죽음은 또 다른 유익한 목적을 위해 필요한 것이 분명하다. 죽음이 자연의 목적에 어긋나지 않는 이상, 그것은 당연하며 올바른 일이라고 생각해야 한다. 그러므로 신이 그들을 외면했다고 가정할 경우 당신은 죽음을 긍정적으로 받아들여야 하며 신에게 그 이상의 방도는 없었을 것이라고 확신해야 한다. 신에 대해 잘잘못을 따지는 것은 더없이 어리석은 짓이다.

만약 신이 가장 뛰어나고 올바른 존재가 아니라면 우리는 그가 주관한 모든 일이 불공평하며 올바르지 못하다고 책임을 추궁할 수 없다.

이와 반대로 신이 가장 탁월하며 가장 올바른 존재라면

우주의 질서를 유지하는 데 있어서 부당하거나 불합리한 일은 결코 하지 않았을 것이다.

6

성공할 가망이 전혀 없다고 생각되는 일이라도 포기하지 말고 계속 연습하라. 연습 부족으로 인해 다른 모든 일에는 무력한 왼손도 말고삐를 잡는 일만은 오른손을 훨씬 능가한다. 그것은 왼손이 많은 시간을 할애하여 그 일을 연습했기 때문이다.

7

인생의 종말이 가까웠을 때, 당신의 육체와 영혼은 어떤 상태에 놓여 있을 것인가를 상상해 보라. 그리고 허망한 인생, 과거와 미래로 뻗는 끝없는 시간의 심연, 그리고 모든 물질의 나약함을 생각하라.

8

사물의 껍질을 벗긴 후에 내부의 본질을 주시하라. 사물의 온갖 행동의 목적을 검토하라. 또 고통, 쾌락, 죽음, 명성 등의 본질이 무엇인가를 생각해 보라.

그리고 인간의 불안은 모두 스스로의 생각에서 비롯된 것이며, 결코 다른 사람의 방해 때문이 아니라는 사실을 항상 기억하라.

9

당신의 원리를 실천에 옮길 때에는 검객이 아니라 레슬링 선수처럼 행동해야 한다. 검객은 손에 든 칼을 떨어뜨리면 그것을 집어들기 전에는 다시 싸울 수 없지만 레슬링 선수는 무기를 잃어버릴 염려가 없다. 언제라도 손만 사용할 수만 있다면 모든 준비가 끝나는 것이다.

10

모든 사물을 구성하고 있는 것은 무엇인가? 그것을 물질, 형상, 목적으로 나누어 각각의 본질을 고찰하라.

11

신이 허용한 일 이외에는 아무것도 하지 않으며, 신이 부여한 것만을 받아들이는 인간의 능력은 얼마나 위대한가.

12

자연에 따라 일어나는 일들에 대해 절대로 신을 비난해서는 안 된다.

신들은 결코 실수하는 법이 없기 때문이다. 또한 사람을 비난해서도 안 된다. 인간은 결코 의식적으로 잘못을 저지르지 않기 때문이다.

13

인생살이에 수반되는 여러 가지 사건에 대하여 매번 크게 놀라고 당황해 하는 것은 매우 우습고 어리석은 짓이다.

14

우주는 거역할 수 없는 숙명적인 운명의 지배를 받는가?

아니면 자비로운 신의 섭리에 지배되는가? 아니면 목적도 방향도 없는 무질서한 혼란만이 가득 차 있는가? 만약 거역할 수 없는 운명 속에서 살고 있다면 당신은 어째서 거기서 벗어나려고 반항하는가?

자비로운 신의 섭리가 지배한다면, 신의 뜻에 따르고 신의 도움을 최대한 활용하도록 하라.

그러나 지배자 없는 무질서한 혼란 뿐이라면, 그러한 소용돌이 속에서도 당신의 이성이 존재한다는 사실에 만족하라. 그리고 당신의 육체와 호흡, 그 밖의 모든 것이 소용돌이 속으로 휘말려 들어갈지라도 당신의 이성만은 결코 휘말리지 않는다는 사실을 명심하라.

15

등불은 심지나 연료가 다할 때까지 결코 광채를 잃지 않는다. 그런데 당신 안에 있는 진리와 정의와 지혜가 당신의 생명보다도 먼저 꺼져 버릴 수 있겠는가.

16

어떤 사람의 행동이 잘못되었다고 생각될 때는 다음과 같이 자문해 보라.

"무엇을 근거로 그의 행동이 잘못된 것이라고 판단할 수 있는가?"

그리고 설사 그가 잘못을 저질렀다 하더라도 그는 이미 그 일로 인해 자신을 충분히 책망했고 반성하고 있는지도 모른다.

또한 악한 사람이 절대로 죄를 짓지 않기를 바라는 사람은 무화과나무가 열매를 맺고, 갓난아이가 울음을 터뜨리는 것과 같은 본성에 따르는 행위를 용납하지 못하는 것과 같다.

그러한 마음의 상태에 있는 악인이 어찌 달리 행동할 수 있고, 그 본성에 따라 죄를 짓지 않을 수 있겠는가. 만약 당신이 악인의 행위에 분노를 느낀다면, 그의 마음의 상태를 개선시켜 주어라.

17

올바른 일이 아니면 행하지 말고, 진실이 아니면 말하지 말라.

그리고 정의와 진실에 대한 판단은 스스로 신중하게 생각한 다음 내려야 한다.

18

사물을 볼 때마다 그것의 전체적인 모습을 통찰하라. 그리고 그것이 당신에게 어떤 인상을 주었으며, 그 원인과 목적은 무엇인가를 생각하라. 또한 모든 것은 머지않아 그 현상이 소멸된다는 사실을 명심하라.

19

당신의 마음속에는 단순한 본능이 아니라 여러 가지 현상을 일으키는, 더 뛰어나고 고귀한 그 무엇이 있다는 사실을 스스로 깨달아라.

그런데 지금 이 순간에 당신을 지배하는 것은 과연 무엇인가? 두려움, 의혹, 욕망 등 본능에 얽매여 있는 산물인가?

그렇지 않으면 이보다 한층 신성한 다른 어떤 것이 있는가?

20

무슨 일이든지 어떤 목적 없이 닥치는 대로 행하지 말라. 그리고 공공의 이익과 관련된 일이 아니라면 행동의 목적으로 삼지 말라.

21

머지않아 당신은 한줌의 재가 되어 이 세상 어디에도 존재하지 않게 될 것이다. 또 지금 당신이 보고 있는 모든 것, 살아서 움직이고 있는 것들도 얼마 지나지 않아 존재하지 않을 것이다.

모든 것은 변화하고, 소멸되게 마련이다. 그 뒤를 이어 다시 새로운 것이 만들어지는 것이다.

22

모든 것은 한낱 생각에 지나지 않으며, 이 생각은 당신이 마음먹기에 따라 자유롭게 바꿀 수 있다. 그러므로 당신을 괴롭히는 것이 있다면 즉시 그 생각을 몰아내라. 무사히 항해를 마친 선원처럼 마음이 평온해질 것이다.

23

어떤 행동이든 적절한 시기에 중단하면, 그것 때문에 해를 입는 일은 없다. 이처럼 인간의 생명도 적당한 때에 정지한다면 그 자체는 전혀 악이 아니며, 따라서 죽음을 맞이한 사람도 아무런 해를 입지 않을 것이다.

그러나 죽음에 이르는 적당한 시기는 인간이 아닌 바로 자연이 결정한다. 노령의 경우처럼 인간의 본성이 결정하는 특수한 일례도 있기는 하지만, 대부분 죽음을 결정하는 것은 언제나 자연이다.

우주 만물에는 언제나 신선한 생동감이 감돌고 있다. 왜냐하면 자연이 모든 것을 항상 새롭게 변화시키고 있기 때문이다. 그리고 우주의 본성에 유익한 것이라면 인간에게도 좋은 것이며, 시기에 알맞은 것이다.

따라서 자연이 결정하는 인생의 종말은 악이 될 수 없다. 그것은 본인의 의지와는 관계 없는 것이며, 또한 공공의 이익에 해가 되지 않는 이상 수치스러워할 필요도 없다. 오히려 그것은 이 우주를 위해 유익한 것이므로 선이라 할 수 있다. 이처럼 신의 뜻에 따르고 신과 동일한 목표를 지향하는 사람은 언제나 새롭게 태어난다.

24

언제 어디서나 잊어서는 않 될 세 가지 충고가 있다.

첫째, 너무 경솔하게 행동하지 말고 정의에 따라야 한다. 외부에서 일어나는 일은 우연이 아니면 신의 섭리에 따른 것이다. 우연을 원망하거나 신의 섭리를 비난할 수 없다는 사실을 명심하라.

둘째, 탄생과 동시에 영혼을 받아서 그것을 다시 되돌려 줄 때까지, 세상의 모든 존재는 어떠한 상태로 있으며 무엇으로 구성되어 있는지, 그리고 그것이 분해된 후에는 무엇으로 변할 것인가에 대해 생각해 보라.

셋째, 당신이 돌연 까마득한 공중으로 치솟아 모든 인간사를 굽어본다고 상상해 보라. 인간 세상의 모든 것들이 얼마나 보잘것없는 것들인가! 그리고 세상에는 무수한 다른 존재들이 가득 차 있음을 깨달을 수 있을 것이다. 이처럼 당신이 하늘로 높이 올라가 세상을 내려다본다 하더라도 여전히 지상에서 볼 수 있는 동일한 것만을 발견할 뿐이다. 모든 것이 그렇게 단조롭고 허망하다. 그런 것들 중에서 과연 당신이 자랑스럽게 생각할 만한 것이 무엇이겠는가!

25

사물에 대한 모든 선입관을 추방하라. 그러면 마음이 평온해질 것이다. 그렇게 하려는 것을 방해할 사람은 아무도 없다.

26

무슨 일에 대하여 분노하고 괴로워하는 것은 모든 일이 우주의 본성에 따라 일어난다는 사실을 잊고 있기 때문이다. 그것은 과거에도 끊임없이 계속된 일이며, 앞으로도 영원히 계속될 것이다. 게다가 다른 사람의 잘못은 당신이 상관할 성질의 것이 아니다.

인간은 단지 피가 같다는 이유 뿐만이 아닌, 이성을 공유하고 있다는 이유에서 밀접한 유대 관계를 맺고 있다는 사실을 명심하라.

인류가 갖고 있는 이성은 모든 신에게서 비롯된 것이며, 진실로 자신의 것이라고 단언할 수 있는 것은 이 세상에 아무것도 없다는 사실을 명심하라. 자녀도, 육체도, 그리고 영혼까지도 당신의 것이 아니다.

모든 만물은 신에게서 비롯된 것이며, 모든 것은 한낱 생각에 불과하다.

그리고 인간은 오직 현재를 살아갈 뿐이며 따라서 당신이 잃는 것도 현재 뿐인 것이다.

27

찬란한 명성, 또는 크나큰 재산, 또는 어떤 종류의 행운 때문에 특별히 돋보였던 사람들의 생애를 생각하라. 그 사람들은 지금 어디에 있는가?

연기로 사라지고, 재로 변했으며, 한낱 전설상의 인물로 남아 있을 뿐이다. 아니, 자신이 이 세상에 살다 갔다는 흔적조차 남기지 못한 사람도 있다.

또한 이와 비슷한 경우를 살펴보라. 집정관을 역임했던 파비우스 카툴리누스(Fabius Catullinus), 넓은 정원과 훌륭한 별장을 자랑하던 루키우스 루푸스(Lucius Lupus), 그 밖에 스테리티니우스(Steritinius), 티베리우스(Tiberius), 벨리우스 루푸스(Velius Rufus) 등 남보다 뛰어난 인물이 되기를 열망했던 그들은 모두 어떻게 되었는가?

신의 의지에 순종하고 정의와 절제를 인생의 목표로 삼아 정진하라. 이것이 곧 철학자들의 삶이며, 가장 보람 있는 삶이다. 겸손하다고 자랑하는 이면에 깔려 있는 자만심이야말로 가장 견디기 어려운 자만심이라 할 수 있다.

28

"당신은 어디에서 신들을 보았는가? 그리고 어떻게 신이 존재한다는 사실을 증명할 수 있으며, 신들을 섬겨야 한다고 주장하는가?"
라고 묻는 사람에게 나는 다음과 같이 대답할 것이다.

첫째, 나는 내 눈으로 직접 신을 볼 수 있으며(스토아 철학자들은 별을 신이라고 생각했다) 둘째, 비록 내 영혼을 본 적은 없지만 나는 그 능력을 느낄 수 있다.

이와 마찬가지로 나는 일상 생활에서 신의 능력을 끊임없이 경험하고 있으며, 이러한 체험을 통해 신의 존재를 확신하고 그들을 섬긴다.

29

모든 사물의 본질을 통찰해 보고 그것은 무엇으로 만들어졌으며, 창조된 원인이 무엇인가를 파악하라. 모든 정열을 쏟아 정의로운 행동만 하고, 진실만 말하도록 하라. 이와 같은 인생은 건전하고 안정되어 있다. 그리고 남은 일은, 각각의 좋은 일을 서로 연결하여 그 사이에 조그만 틈도 주지 않음으로써 인생을 즐기는 일 뿐이다.

30

햇빛은 벽이나 산, 그 밖의 무수한 장해물로 인해 차단되지만, 햇빛은 오직 하나 뿐이다. 각기 다른 성질을 가진 자연물이 존재하지만, 공통된 본질은 하나 뿐이다.

이와 마찬가지로 사고능력을 지닌 인간의 영혼도 겉으로는 무수한 개체로 분리되어 있는 것처럼 보이지만 실제로는 하나이다. 인간을 형성하고 있는 모든 요소 중에서 영혼을 제외한 다른 것들은 물질이며, 감각도 없고 상호간의 연결도 없다.

그럼에도 불구하고 이성적 원리는 이러한 부분들까지 결합시키고 같은 목적을 향해 인도한다. 그리고 영혼은 본래의 성질에 따라 동일한 것에 이끌리고 결합하며, 이러한 활동은 그 무엇의 방해도 받지 않는다.

31

당신은 원하는 것이 무엇인가? 영원히 살고 싶은가? 감각을 갖고 싶은가? 욕구? 성장? 또는 죽어서 다시 태어나고 싶은가? 언어의 기능을 보존하고 싶은가? 사고하는 능력? 위에 열거한 것 중에서 당신이 추구할 만한 가치가 있다고 생각되는 것은 무엇인가?

그러나 이러한 모든 것이 하찮은 것이라고 생각되는 즉시 이성과 신에게 순종하는 인간의 궁극적인 목표를 향해 눈길을 돌려라.

그러나 만약 앞에 열거한 것을 소중히 여겨 죽음 때문에 빼앗기지 않을까 걱정한다면, 그것은 신과 이성을 존중하는 태도와 크게 상반되는 것이다.

32

우리들 각자에게 주어진 시간은 얼마나 짧은가? 그것은 순식간에 영원의 심연 속에 묻혀 버리는 것이다.

또한 이 세상 모든 존재와 비교할 때, 당신이 지니고 있는 영혼은 얼마나 초라한 일부분인가? 일반적 영혼에서 당신의 영혼이 차지한 것은 얼마나 보잘것없는 부분인가? 이 지구 전체에서 당신이 밟고 다니는 땅덩어리는 얼마나 좁은 공간인가? 이 모든 사실을 상기하면서, 자신의 본성에 따라 행동하고 자연이 준 모든 것을 참고 견디는 것 이외의 위안은 없다고 굳게 확신하라.

33

지배적 능력이 당신을 어떠한 방법으로 인도하고 있는가를 관찰하라. 모든 것은 바로 이 능력에 달려 있는 것이다. 그러나 그 밖의 다른 것들은 당신의 의사대로 할 수 있든 그렇지 않든, 죽어 있는 뼈와 연기에 불과하다.

34

쾌락은 선이요, 고통은 악이라고 생각한 사람조차 죽음을 경멸했다는 사실을 상기하면 우리는 더욱더 죽음을 경멸할 수 있을 것이다.

35

적당한 시기에 일어나는 일만을 선이라고 생각하는 사람, 올바른 이성대로만 하면 성취한 일이 많고 적음은 별로 문제가 되지 않는다고 생각하는 사람, 이 세상에서 얼마나 더 오래 사느냐의 문제로 고심하지 않는 사람—이러한 사람들은 결코 죽음을 두려워하지 않는다.

36

인간이여, 당신은 이제까지 이 거대한 세계에서 한 시민으로 살아왔다. 그렇다면 그 기간이 5년이든 백년이든 당신에게 무슨 차이가 있겠는가?

이 세계의 법은 누구에게나 평등하다. 그런데 당신은 왜

불평을 토로하는가?

당신을 이 세상에서 몰아내는 것은 폭군도 불공평한 재판
관도 아닌, 애초에 당신을 세상으로 보낸 자연이다. 그것은
마치 배우를 고용한 감독이 그를 다시 무대에서 쫓아내는
것과 마찬가지이다.

"그러나 나는 5막짜리 연극에서 이제 3막까지만 출연했을
뿐입니다."

하고 당신은 말할 것이다.

그러나 당신의 인생에서는 3막이 전부다. 인생이라는 연
극에서는 3막 만으로도 훌륭한 드라마가 될 수 있다.

언제 그 연극을 완료시킬 것인가를 결정하는 것은 당신을
고용한 자연 뿐이다. 자연의 결정은 당신이 상관할 바가 아
니다. 당신이 만족한 마음으로 조용히 물러간다면, 당신을
연극에서 물러나게 한 자연도 만족한 미소를 지을 것이다.

마르쿠스 아우렐리우스의 생애와 《명상록》

로마의 16대 황제이자 5현제(五賢帝)중의 마지막 철인황제(哲人皇帝)인 마르쿠스 아우렐리 (Mzrcus Aurelius)는 121년 4월 26일, 로마에서 집정관 안니우스 베루스의 아들로 태어났다.

그는 성실하고 진지한 성격으로 당시의 황제였던 하드리아누스(Hadrianus)의 총애를 받았으며, 최고의 교육을 받았다.

하드리아누스 황제는 안토니누스 피우스(Antoninus Pius)를 그의 후계자로 지명했는데, 하드리아누스가 죽자 제위에 오른 안토니누스는 아우렐리우스를 양자로 맞았다.

이때부터 아우렐리우스의 정치가로서의 삶이 열리기 시작했다. 아우렐리우스는 140년 로마의 집정관이 되었고, 145년 안토니누스의 딸과 결혼, 161년 안토니누스의 뒤를 이어 로마의 황제가 되었다.

아우렐리우스는 그 즈음 스토아 철학(자기 할 일을 다하는 엄격한 의무감과 감정에 사로잡히지 않고 쾌락과 고통에 동요되지 않으며 의연한 자세로 운명을 받아드리는 주의)에 심취하였는데, 실제로 그는 나중에 스토아 철학의 대표적 사상가의 한 사람이 되었다.

이때부터 그는 수많은 사람들에게 삶의 의미와 살아가는 태도를 제시해 준 《명상록(Meditation)》을 조금씩 쓰기 시작했다.

그는 생애의 대부분을 전쟁터에서 싸우거나, 아니면 전염병 퇴치와 타락된 윤리의 회복을 위해 고심하면서 지냈다.

그 당시의 로마제국은 경제적으로나 군사적으로 매우 어려운 시기여서 변방에는 외적의 침입이 잦았다. 특히 다뉴브 강 쪽에서는 마르코만니 및 쿠아디족이 자주 침입하여 그 방비에 힘썼다. 그야말로 파커슨의, "그의 머리카락은 영국의 차가운 바람, 아프리카의 타는 듯한 태양 아래서 새하얗게 되었다."는 말처럼 아우렐리우스 황제는 대부분의 시간을 전쟁터에서 보냈던 것이다.

175년, 시리아의 총독 갓시우스가 반란을 일으켜 이집트를 장악한 다음, 아우렐리우스가 죽었다는 소문을 퍼뜨리고 나서 자신이 로마의 황제라고 선언했다. 이 소식을 전해 들은 아우렐리우스 황제는 군사들을 향해 다음과 같은 연설을 하였다.

병사들이여, 내가 제군들을 찾아온 것은 불만을 토로하기 위해서가 아니다. 만능의 신에게 어찌 불만을 품을 수 있겠는가? 하지만 부당하게 불행을 당한 사람이라면 한탄하지 않을 수 없다. 내가 지금 그러한 일을 당한 것이다.

같은 동포끼리 서로 잡아먹겠다고 광분하는 것은 어리석은 일이다. 사람들 사이에 신뢰감이 무너져 나와 친한 사람들로부터 배신을 당하고, 잘못을 하지 않았음에도 싸움에 말려드는 것보다 더 무섭고 어리석은 일은 없을 것이다.

가능하다면 제군들이나 원로들 앞에 갓시우스를 데려다가 답변을 시키고 싶은 심정이다. 만일 그가 한 일이 공공의 이익을 위하여 유익하다면 나는 기꺼이 그에게 지도권을 넘겨줄 것이다.

아우렐리우스는 그 후 갓시우스가 병사들 앞에 나오기를 부끄러워하여 자살이나 하지 않을까, 아니면 누가 그를 죽이지나 않을까 걱정하였다. 그는 우정을 배신한 갓시우스를 용서하려고 했다. 그러나 갓시우스는 결국 자신의 부하에 의해 살해당하고 말았다. 갓시우스의 목이 아우렐리우스에게 보내졌을 때, 그는 오히려 용서해 줄 기회를 잃은 것을 슬퍼하였다.

아우렐리우스의 이러한 박애주의는 '자연에 따르는 삶'을 주장한 스토아 철학에 의한 것이므로 이상국가(理想國家)를 실현하려면 플라톤의 사상과는 차이가 있었다. 플라톤에게서는 인류애나 박애주의 사상은 거의 찾아볼 수 없었으며, 단지 한 나라를 강하게 만들고 잘 다스릴 수 있다면 박애주의나 인류애를 거의 무시해도 상관이 없다는 주의였다.

플라톤의 '이상국가'를 건설하기 위해서는 무엇보다도 국방(國防)이 중요하였으나, 아우렐리우스의 사상에는 적군까지도 사랑하려는 일면이 있었다.

그렇지만 그의 이러한 박애주의 사상과 로마제국의 황제라는 현실 사이에는 큰 차이가 있었다. 변방의 이민족들에 의한 침략, 제국 내의 식민 속주들의 반란이 끊임없이 발생하는 상황하에서 박애주의란 단지 이상에 불과했다. 그는 계속되는 전쟁에서 진군과 박해, 탄압의 명령을 내릴 수밖에 없는 상황에 괴로워했다.

이상과 현실의 이러한 벽 사이에서 그는 정치와 철학을 각각 계모와 생모에 비유함으로써 그 모순을 해결하려 했다. 즉 생모를 섬기기는 하지만 이따금 돌아와서 휴식을 취하는 것은 계모라는 뜻이었다. 그리고 아우렐리우스로서는 로마에, 인간으로서는 우주에 속한다고 함으로써 자기의 철학 사상에 위배되지도, 현실을 무시하지도 않을 수 있는 돌파구를 마련한 셈이었다.

아우렐리우스의 재위 기간은 네르바(Nerva), 트라야누스(Trajanus), 하드리아누스, 안토니누스 피우스에 이어 로마 제국의 최전성기라 일컬어지는 '5현제(五賢帝) 시대'였다.

이 무렵에는 정치적 안정·경제적 번영·영토의확장이 어느 시대보다 월등하였으며, 아우렐리우스 역시 이전 황제들의 선정(善政)을 유지하였다.

아우렐리우스 황제는 가난한 아이들을 위해 학교를 세우고 고아원과 의료원에 기부금을 내고, 세제(稅制)를 개혁하고, 형법의 형벌 조항을 완화하고, 노예나 자식에 대해 그 주인이나 아버지가 갖는 절대적 권한을 줄였으며, 관리는 그 실적에 맞게 진급시키는 등의 개혁을 실시했다.

그러나 이러한 개혁은 행정부담의 증가, 지방자치제의 권한 축소, 기부금과 전쟁에 의한 통화가치 폭락 등을 야기시켜 그 가치가 떨어지기도 했다. 또한 방탕하고 평판이 좋지 못한 아들 콤모두스를 후계자로 선정한 일이나 기독교도를 박해한 일로 그의 치적에 티를 남겼다.

아우렐리우스의 선정에 비하여 큰 실수로 지적할만한 것은 바로 기독교도에 대한 박해였다.

당시 기독교 신자들은 신전이나 제우스 상, 그 밖의 조상 앞에서 절을 하지 않았을 뿐만 아니라 그것들을 업신여김으로써 로마인들의 미움을 사고 있었다. 그리고 기독교가 공식적으로 승인되기 이전의 로마에서는 그에 대한 박해와 탄압이 계속되어 왔다.

아우렐리우스는 기독교를 미신적인 것, 유해한 것, 부도덕한 것으로 여겼다. 그것은 아마 스승이었던 프론토나 에픽테토스(Epiktetos)의 영향을 받았기 때문일 것이다. 아무튼 아우렐리우스는 조상들의 종교에 대한 깊은 애착, 옛 신앙이 기독교의 확산으로 침식당할지도 모른다는 우려 때문에 기독교에 대하여 강경한 탄압을 벌렸다.

이러한 기독교 박해에 대한 비난에도 불구하고 그는 전염병, 내란, 전쟁 등 수많은 재난을 끊임없이 겪은 불우한 황제였고, 180년 진중에서 페스트로 인한 돌연한 죽음을 당하기까지 그것을 꺾이지 않는 의지로 이겨나간 홀륭한 황제였다.

그는 계속되는 재난 속에서 살았음에도 불구하고, 《명상록》을 전쟁중의 진영에서도 쓴 것으로 알 수 있듯이 현실에서 도피하려 하기보다는 외부적인 압력이 미치지 못하는 마음속에서 휴식을 취하려 했으며, 자연의 원리, 즉 운명에 항상 순응하려는 자세로 살아간 철인왕이었다.

마르쿠스 아우렐리우스는 사색 또는 명상의 황제라고 불리우는데, 그것은 그가 전쟁의 소용돌이 속에서도 끊임없는 독서와 사색에 몰두하였기 때문이다. 그 사색의 결과로 만들어진 것이 바로 《명상록》이다.

마르쿠스 아우렐리우스는 스토아 철학을 연구한 철학자였으므로, 그의 사상을 알려면 먼저 전반적인 스토아 철학에 대한 이해가 필요하다.

스토아 철학은 기원전 3세기경에 퀴닉(Kynik) 학파를 계승하고 헤라클레이토스(Herakleitos)의 로고스(Logos) 설을 발전시킨 것으로 그리스의 제논(Zenon)에 의해 창시되었다. '스토아'라는 명칭은 그들이 아테네의 스토아 포이킬레(Stoa poikile;채색된 전당)에서 학문을 강의했던 것에서 유래되었다.

스토아 철학의 발전 과정은 세 단계로 나누어 볼 수 있는데, 초기의 학자로는 제논과 그의 제자인 클레안데스(Kleanthes), 클레안데스의 제자인 크리십포스(Chrysippos)를 들 수 있다.

제논은 인생의 목적은 행복에 있고 행복은 우주를 선하게 지배하는 자연(logos)에 따라 생활하는 것에 있다고 주장하여 도덕적인 삶을 중시하였다.

클레안데스는 모든 덕의 원천은 의지라고 생각했는데, 저서로는 《제우스(Zeus) 찬가》가 전해지고 있다. 크리십포스는 스토아 학설의 완전한 체계를 이룩하여 스토아 학파의 '제2의 창시자'로 불리운다.

두 번째 단계는 기원전 1, 2세기로, 중기의 학자로는 파네티 오스(Panzitios)와 그의 제자인 포시도니오스(Poseidonios) 등이 있다. 이들은 다른 학파와의 교류와 로마인과의 접촉을 통해 초기 스토아 사상에 플라톤과 아리스토텔레스의 사상을 절충시켜 스토아 철학을 로마에 보급시켰다. 저서는 단편적으로만 전해지고 있다.

스토아 철학이 가장 발전된 말기는 로마 제정시대였는데, 그 무렵의 학자로는 세네카(Seneca), 에픽테토스, 마르쿠스 아우렐리우스를 들 수 있다. 집정관을 지냈던 세네카는 영혼과 육체의 구별을 강조하여 스토아 학파의 이론을 발전시켰으며, 노예 출신인 에픽테토스는 범신론(汎神論)과 코스모폴리타니즘을 주장하였다.

스토아 학파는 아리스토텔레스의 학원에서 정한 철학의 세분과, 즉 논리학·물리학·윤리학의 탐구에 힘썼는데, 제논의 영향에 의해 윤리학에 치중하게 되었다.

스토아 학파의 도덕 철학은 행복의 추구로, 쾌락에서 행복을 추구한 에피쿠로스 학파와는 달리 지혜를 통하여 행복을 추구했다. 즉 지혜에 의해서 인간의 능력이 미치는 것을 통제하고 인정해야 한다고 주장했다. 그들은 조용하고도 용기있게 죽음을 맞이한 소크라테스의 영향을 많이 받았는데, 죽음의 위협 앞에서 감정을 억제한 놀라운 그의 태도를 삶의 귀감으로 삼았다.

에픽테토스는 이렇게 말했다.

"나는 죽음은 피할 수 없다. 그러나 죽음의 두려움은 피할 수 있지 않을까?"

"어떤 사건들이 당신의 의도대로 일어나기를 바라지 말라. 오히려 그것들이 일어나는 대로 진행되기를 원하라. 그러면 당신의 모든 일이 잘 될 것이다."

말하자면 우리는 모든 사건을 통제할 수 없으며 단지 일어나는 일에 대한 우리의 자세만을 조정할 수 있다는 말이다. 따라서 미래에 일어날 사건들을 두려워하는 것은 부질

없는 짓이다. 어쨌든 그 사건들은 일어날 것이기 때문이다. 그러나 의지의 행위에 의해서 공포를 억제하는 것은 가능하다. 그러므로 사건들을 두려워할 필요는 없다. 실제로 우리가 두려워할 일은 없으나 바로 그 자체를 두려워할 뿐이다.

이처럼 스토아 철학의 결론은 개인의 태도를 충분히 조정할 수 있다는 것이었다. 그들은 세계는 어떻게 되어야 하며 인간은 어떻게 이 세계에 적응하는가를 고찰함으로써 그러한 결론에 도달했다. 그들에 따르면, 세계는 인간과 사물들이 목적의 원리에 따라 행동하는 질서 정연한 장소이다. 그들은 자연 전체에 이성과 법칙이 작용한다고 했는데, 이를 설명하기 위해 특별한 신의 개념을 도입했다. 그들이 말하는 신이란 자연 전체, 즉 모든 사물 안에 존재하는 이성적인 실체이다. 자연의 구조 전체를 통제하고 배열하며, 사건들의 발생을 결정하는 것이 바로 '전체에 퍼져 있는 실제적인 형태의 이성', 즉 신이다.

스토아 철학의 중심적 관념은 신이 만물 안에 내재한다는 것이다. 신은 불, 힘, 로고스, 이성이며 신이 만물에 내재 한다는 것은 곧 자연 전체가 이성의 원리로 가득 차 있다는 뜻이다. 신, 즉 로고스는 불, 기(氣), 물, 땅을 만들고 그것을 혼합하여 모든 사물을 만들어 낸다. 로고스는 쇠에서는 단단함으로, 돌에서는 밀도로, 은에서는 하얀 광택으로 부른다. 그리고 모든 사물의 최후는 원래의 것으로 돌아가고 그것은 다시 새롭게 만들어지는데, 이런 일은 긴 세월을 주기로 계속해서 되풀이된다.

스토아 철학자들은 이러한 이들이 운명적으로 이미 예정되어 있다고 보므로 흔히 운명론이니 숙명론이니 하고 부르

기도 한다. 마치 씨앗에 그것이 자라게 될 요소가 모두 포함되어 있듯이 만물의 모든 현상은 처음부터 로고스 안에 존재한다. 그런데 그것은 우주, 즉 신에 의해 정해진 섭리이기도 하다. 이렇게 우주는 전체로서 유기체(有機體)를 이루고 있으며 필연에 의해, 결정에 의해 지배된다. 즉 운명이 이미 결정되어 있다는 것이다.

스토아 철학자들은 인간의 본질에 대하여 다음과 같이 주장했다. 세계가 이성, 혹은 신에 의해 퍼진 물질적 질서인 것처럼 인간도 그것에 의해 퍼진 물질적 존재이다. 인간이 자신의 내부에 신성(神性)을 가지고 있다는 것은 바로 인간이 신의 실체의 일부분을 포함하고 있다는 의미이다. 그리고 신은 세계의 영혼이며 인간의 영혼은 신의 일부분이다. 인간의 영혼은 신에게서 비롯되어 물리적인 방식으로 부모에 의해 자식에게 전달된다. 그런데 신은 로고스, 즉 이성이기 때문에 인간의 영혼 또한 이성에 뿌리박고 있으며, 결국 인간의 개성은 이성의 힘 속에서 독특하게 표현된다.

그러나 스토아 학파에게 있어서 인간의 이성 능력은 인간이 생각하고, 추론할 수 있다는 것이 아니라 사물들의 실제적인 질서와 그 속에서의 인간의 위치를 인식할 수 있다는 의미이다. 즉 모든 사물이 하나의 법칙을 따른다는 사실을 인식하는 것인데, 이 법칙의 질서에 인간의 행동을 관련시키려는 것이 스토아 학파의 주된 관심사였다.

에픽테토스는 이러한 문제들을 연극과 비교하여 설명하였다. 인간은 연극 속의 배우로 간주되는데, 배우가 자신의 역할을 택하는 것이 아니라, 여러 가지 배역을 담당할 배우를 선택하는 것은 연출가나 작가라는 것이다. 세계라는 연극 속에서 개인이 각 인간의 배역과, 역사 속에서 개인이 처해야 할 상황을 결정하는 것은 이성의 원리인 신이다. 인간의 지혜는 이 연극에서 자신의 역할을 인정하고 맡은 부분을 잘 수행해 냄으로써 그 진가가 발휘된다.

"당신이 가난한 자의 역을 하는 것이 신의 즐거움이라면 당신은 그 역을 잘 해내야 한다. 절름발이나 지배자, 혹은 소시민의 경우도 마찬가지다. 왜냐하면 주어진 역을 잘 해내는 것이 당신의 의무이기 때문이다."

배우는 다른 배역이나 배경의 모양과 형태 등에, 그리고 줄거리나 주제에 대한 통제 권한이 없다. 그러나 배우가 통제할 수 있는 일이 한 가지 있다. 즉 그것은 그의 태도와 감정이다. 그가 단역을 맡았기 때문에 샐쭉할 수도 있고, 다른 사람이 영웅역을 맡은 것을 시샘할 수도 있다. 그러나 그러한 샐쭉함, 시샘 등이 자신이 단역을 맡은 것이나, 영웅이 되지 못한 사실 자체를 변화시키지는 못한다. 다만 이러한 감정에 의해서 그의 행복이 사라질 뿐이다. 그가 이러한 감정에서 자유로워질 수 있거나 무관심해진다면, 그는 현명한 사람이 누리는 평정과 행복을 얻을 수 있다. 현자(賢者)는 자신의 역할이 무엇인지를 아는 사람이다.

스토아 학파에서는 자기의 역할을 아는, 즉 자연에 따르는 생활을 하는 사람을 현자라고 하며, 현자의 경지에 이른 마음의 상태를 아파테이아(apatheia ; 不動心)라고 한다. 아파테이아란 외부로부터의 자극에 의한 쾌락과 고통, 기쁨과 슬픔, 좋아함과 싫어함 등의 파토스를 자제할 수 있는 초연한 무감동의 경지를 가리킨다. 이러한 아파테이아의 경지에 이르러 본능적 욕정에 흔들리지 않는 사람이 바로 현자이다.

인간은 자신의 마음대로만 살 수는 없다. 인간은 신이 창조하고 주관하는 우주의 미진한 존재에 불과하기 때문에 신의 섭리에 거역하거나 대항해서는 안 된다는 것이 그들의 주장이다. 이를 연극에 비유하자면, 인간은 자기의 배역을 선택하지는 못하며 단지 그 배역에 대한 태도만을 자유롭게 선택할 수 있다는 것이다. 즉 인간의 자유란 자기 운명을 스스로 결정하는 것이 아니라 이미 신에 의해 정해진 테두리 내에서 만족하거나 불만을 품을 수 있다는 것이다.

그런데 그들은 섭리가 만물을 지배하되 인간의 태도를 지배하지는 못한다는 사실에 대해 다음과 같이 설명했다. 전 우주 안에 있는 만물은 법칙 혹은 이성에 따라 행동하지만, 인간은 그 법칙에 대한 자신의 지식에 따라 행동하는데 그것이 바로 인간의 특징이다. 하지만 인간이 지식을 얻는다고 해서 그가 죽는다든가, 나이가 든다든가 하는 사실은 변하지 않는다. 다만 인간은 지식이 있기에 앞으로 무슨 일이 일어날 것인가를 알고 있다.

따라서 인간이 자연의 법칙을 알고 있으며 자기의 역할이 필연적임을 이해한다면 그는 억지로 운명에 반대하지 않고 역사와 보조를 맞추어 갈 것이다. 행복은 선택의 결과가 아니라, 이미 필연적으로 정해진 과정에 묵묵히 따르는 데서 생긴다. 그러므로 '자유'는 우리의 운명을 변경시키는 힘이 아니라 마음의 혼란이 없는 것을 뜻한다.

스토아 학파는 세계주의, 즉 만인은 같은 인간 공동체의 시민이며 평등하다는 주장을 했는데, 이는 스토아 철학의 우주관에서 나올 수밖에 없는 필연적 결론이다.

키케로는 다음과 같이 말하고 있다.

"이성은 인간에게도 신에게도 존재하기 때문에 인간과 신의 첫 공동 소유물은 이성이다. 또한 이성을 소유하는 자들은 올바른 이성, 곧 법을 신과 공동 소유해야 한다. 더욱이 법을 공유하는 자들은 정의를 공유해야 하며, 이를 공유하는 자들은 같은 국가의 구성원으로 간주되어야 한다."

스토아 학자들은 이렇게 이성으로 결속된 인간은 지식이나 지위·성별·인종·빈부를 초월해 모두가 평등하다는 코스모폴리타니즘을 주장했다.

이러한 보편적인 형제애, 즉 만민평등사상과 정의에 대한 보편적인 자연법(自然法) 이론은 서구의 정신에 지대한 기여를 하였다.

스토아 학파는 윤리학의 실천적인 관심사를 강조했으며, 절제를 윤리의 핵심으로 보았고, 행복을 목적으로 추구했다. 스토아 학파에 의해 수행된 가장 특기할 만한 변화는 그들이 세계를 우연의 산물이 아니라 질서정연한 정신, 즉 이성의 산물로 보았다는 사실이다. 스토아 학파는 이러한 견해에 의하여 인간의 지혜의 가능성에 대해 낙관적인 기대를 했다.

《명상록》은 마르쿠스 아우렐리우스가 로마 황제의 입장을 떠나 한 사색하는 생활인, 그리고 스토아 학파의 대표적 철학자로서 자신의 사상과 체험을 토대로 쓴 에세이로서 그의 사상이 잘 나타나 있다.

스스로 인생을 올바로 살기 위하여 경계하고 깨우치는 목적으로 쓴 일종의 수기인데, 자신의 결함을 경계한 것, 행한 일을 반성하고 스토아적 입장에서 스스로에게 충고한 것, 귀감이 될 만한 다른 사람의 글을 발췌한 것 등으로 그 내용이 구성되어 있다. 이 글은 그때그때 체험에서 우러나온 단상(斷想)들을 바쁜 틈틈이, 즉 전시(戰時)의 진중이나 정사를 돌보는 사이에 쓴 것이며, 어릴 때부터 익혀 온 수사학의 재능을 십분 발휘한 아름다운 문장으로 평가된다.

편의상 전체를 12권으로 나누고 있지만 일정한 기간에 어떤 주제를 놓고 이루어진 것이 아니므로 그 논리적인 체계가 완벽하다고 할 수는 없지만, 아우렐리우스의 스토아 철학의 사상적 기반은 이 책에 일관된 흐름을 부여함으로써 내용상으로는 하나의 체제를 이루고 있음을 알 수 있다.

체계화된 사상일수록 그 사상의 내용에 우주론, 인간론, 그리고 정치사회론을 모두 담고 있어야 하며, 이 세 가지가 상호 모순됨이 없이 잘 맞아떨어져야 한다. 그런데 《명상록》은 단편적인 철학적 수상(隨想)들을 모아놓은 것임에도 위의 세 가지 요소를 다 갖추고 있으며, 글을 읽어 내려감에 따라 각 구절마다 그의 사상적 깊이를 새삼 발견할 수 있을 것이다.

아우렐리우스의 사상은 그가 평생을 두고 연구하고 고민했던 스토아 철학에 기반을 두고 있다. 인간의 가장 본질적인 문제인 삶과 죽음의 문제, 그리고 그것을 지배하는 자연이라는 거대한 신, 살아가면서 부딪치는 갖가지 삶의 국면을 굳건한 사상적 바탕 위에서 다루고 있기 때문에 흔히 《명상록》은 스토아 철학의 진수를 설명한 것으로도 평가되고 있으며, 에픽테토스의 《어록(言錄)》과 함께 고대의 양서로 손꼽히고 있다.

《명상록》은 어떤 초기 편집자에 의해 12권으로 분류되었는데, 1권을 제외하고는 내용이 뒤섞여 있어서 각 권의 내용을 만족할 만하게 요약하기는 어렵지만, 그 대략의 요점을 추려 보면 다음과 같다.

제1권은 자신에게 영향을 준 사람들로부터 배우게 된 교훈이 겸손하게 언급되어 있다. 제2권은 행동하는 것에 대해서, 제3권은 진정한 자유인 신에 대한 복종에 대해, 제4권은 기회의 부재에 대해, 제5권은 운명과 역할에 대해, 제6권은 내면적 삶의 절대적인 중요성에 대해, 제7권은 충동의 억제와 자기 만족의 추구에 대해, 제8권은 마음의 평정에 대해, 제9권은 자발적인 의지와 인간을 지배하는 운명에 대해, 제10권은 개인의 주변 환경과 그에 관한 성찰에 대해, 제11권은 이타주의(利他主義)에 대해, 제12권은 죽음에의 초월에 대해 쓰여 있다.

제1권에서 그는 모든 것을 자신의 힘으로 터득한 것이 아니고 조상, 부모, 스승, 신들로부터 배운 것이라고 했는데, 우리는 여기서 그의 겸손함을 발견할 수가 있다. 그리고 자기가 처한 위치, 상황, 환경에 대해 만족하고 감사하는 생활 자세를 엿볼 수 있다.

제2권부터는 《명상록》의 본론이라 할 수 있는데, 일정한 형식을 갖추지 않은 단편적인 글들이라 내용이 다소 중복되고, 또 축약된 말들이 있어서 어려운 곳도 있으나 앞에서 스토아 철학에 대한 개괄적인 해설을 읽었다면 아마 별무리 없이 읽어나갈 수 있을 것이다.

그러면 먼저 자연, 즉 우주에 대한 견해부터 보기로 하자. 자연의 법칙인 운명에 순종하면서 사는 것이 스토아 철학의 입장이듯 아우렐리우스는 다음과 같이 말했다.

신이 창조한 만물은 줄곧 신의 섭리에 따라 움직인다. 우연히 발생하는 일도 자연의 원리에 따라 이미 예정되어 있었던 것이며, 모든 것은 신의 섭리에 의해 다스려지며 모두 이 섭리로부터 나온다. ……당신도 이 우주의 일부분이다. 그 밖의 모든 것도 자연의 일부분이다. 그러므로 본성이 시키는 대로 행동하고, 그 본성을 계속 간직하는 것은 선(善)을 추구하는 것과 같다.

- 제2권 3장

그리고 그는 인간이란 영원한 시간 속에서 순간적으로 살다 가는 덧없는 존재라 하여, 각 권에서 명성이나 부(富) 등을 하찮은 것이라고 반복해서 강조하고 있다.

자신의 사후 명성에 연연해 하는 사람은 자기를 기억해 주는 사람들 역시 곧 죽게 된다는 사실을 생각하지 못하는 사람이다. 어떠한 명성도 그것을 기억하고 있는 소수의 사람을 통해 전해지다가 결국은 사라져 버리고 만다. ……당신이 이미 죽은 후에 그들의 찬양은 아무 의미도 없는 것이다.

- 제4권 19장

그는 또 죽음이란 것을 다른 사물로의 분해, 변화로 보았으며, 자연에 따라 일어나는 현상이므로 해악이 있을 수 없다고 하였다.

《명상록》의 전반적인 특징을 한마디로 지적한다면 모든

것은 마음가짐에 달려 있다는 것이다. 인간이란 이성을 가진 존재이기 때문에 어떠한 외부의 자극이나 압력에도 굴하지 않을 수 있으며, 평정을 누릴 수 있는 능력있는 존재라고 하였다.

지금 당신이 외부적인 요인으로 인해 고통을 받는다면 그것은 결코 외부적인 것 때문이 아니라 그것에 대한 당신의 판단이라는 사실을 깨달아야 한다.

- 제8권 47장

명 상 록

2006년	9월 20일	/	1판 1쇄 인쇄
2006년	9월 25일	/	1판 1쇄 발행
2010년	4월 30일	/	2판 1쇄 발행
2016년	5월 15일	/	3판 1쇄 발행

지은이 | 아우렐리우스
올긴이 | 최 정 선
펴낸이 | 김 용 성
펴낸곳 | **지성문화사**
등 록 | 제5-14호(1976.10.21)
주 소 | 서울 동대문구 신설동 117-8 예일빌딩
전 화 | 02)2236-0654 , 2233-5554
팩 스 | 02)2236-0655 , 2236-2953

가 격 13,000원